# Uso básico de programas de ofimática e inteligencia artificial. CTRD0042

**Roberto Pérez Huguet**

**ic** editorial

**Uso básico de programas de ofimática e inteligencia artificial. CTRD0042**
© Roberto Pérez Huguet

1ª Edición

© IC Editorial, 2026

Editado por: IC Editorial
c/ Cueva de Viera, 2, Local 3
Centro Negocios CADI
29200 Antequera (Málaga)
Teléfono: 952 70 60 04
Fax: 952 84 55 03
Correo electrónico: iceditorial@iceditorial.com
Internet: www.iceditorial.com

ISBN: 979-13-7027-183-1
Depósito Legal: MA 496-2026

Impresión: PODiPrint
Impreso en Andalucía – España

Nota de la editorial: IC Editorial pertenece a Innovación y Cualificación S. L.

# Especialidad formativa

Se entiende por especialidad formativa la agrupación de contenidos, competencias profesionales y especificaciones técnicas que responde a un conjunto de actividades de trabajo enmarcadas en una fase del proceso de producción y con funciones afines.

Las especialidades formativas de Uso General, Formación Complementaria, Formación Modular y las especialidades formativas dirigidas a la obtención de certificados de profesionalidad se incluyen en el Fichero de Especialidades del Servicio Público de Empleo Estatal para su gestión en todo el territorio nacional por cualquier Administración competente.

Las especialidades complementarias, pertenecen todas a la Familia profesional de Formación Complementaria (FCO) y tienen la consideración de formación transversal en áreas que se consideran prioritarias tanto en el marco de la Estrategia Europea para el Empleo y del Sistema Nacional de Empleo como en las directrices establecidas por la Unión Europea. Se consideran áreas prioritarias las relativas a tecnologías de la información y la comunicación, la prevención de riesgos laborales, la sensibilización en medioambiente, la promoción de la igualdad, la orientación profesional y aquellas otras que se establezcan por la Administración competente.

Las especialidades de Certificado de profesionalidad tienen una duración especificada en su normativa reguladora.

En el resultado de la búsqueda, se muestran las unidades de competencia, todos los módulos formativos con su duración y las unidades formativas del certificado correspondiente, con su duración. Las horas del certificado, exclusivo de las especialidades de certificado de profesionalidad, con alta igual o superior a 2008, son las horas totales más las horas del módulo de Prácticas Profesionales no Laborales.

➲ **Si la especialidad tiene unidades formativas,** las horas totales, presencial, distancia, teleformación serán igual a la suma de esas horas de las unidades formativas de los distintos módulos, sin que se repita ninguna Unidad formativa.

⊃ **Si la especialidad no tiene unidades formativas,** las horas totales, presencial, distancia, teleformación serán igual a las sumas de esas horas de
los módulos formativos, eliminando las horas de los módulos repetidos.

https://sede.sepe.gob.es/especialidadesformativas/RXBuscadorEFRED/
BusquedaEspecialidades.do

(Fuente: Servicio Público de Empleo Estatal)

# Índice

# OBJETIVOS GENERALES

Los objetivos generales del **CTRD0042. Uso básico de programas de ofimática e inteligencia artificial,** son los siguientes:

- Adquirir competencias digitales básicas que permitan aprovechar las posibilidades asociadas a las herramientas ofimáticas más relevantes y crear contenido utilizando inteligencia artificial (IA), de acuerdo con el Marco de Competencias Digitales para la Ciudadanía de la Unión Europea.
- Adquirir competencias digitales básicas que permitan aprovechar las posibilidades asociadas a uso de herramientas ofimáticas, de acuerdo con el Marco de Competencias Digitales para la Ciudadanía de la Unión Europea.
- Adquirir competencias digitales básicas que permitan aprovechar las posibilidades asociadas a la inteligencia artificial para efectuar consultas y crear contenidos, de acuerdo con el Marco de Competencias Digitales para la Ciudadanía de la Unión Europea.

# Uso básico de herramientas ofimáticas

## Contenido

## Objetivos

El objetivo general de esta Unidad de Aprendizaje es:

→ Adquirir competencias digitales básicas que permitan aprovechar las posibilidades asociadas a uso de herramientas ofimáticas, de acuerdo con el Marco de Competencias Digitales para la Ciudadanía de la Unión Europea.

Los objetivos específicos de esta Unidad de Aprendizaje son:

→ Identificar las funciones básicas de los procesadores de texto y aplicar correctamente las herramientas de formato, revisión y organización del contenido.

→ Utilizar hojas de cálculo para gestionar los datos, incorporando las fórmulas básicas, las funciones esenciales y los elementos gráficos que faciliten el análisis de la información.

→ Diseñar presentaciones claras y estructuradas, integrando los elementos multimedia, las animaciones y las transiciones que mejoren la comunicación visual.

→ Familiarizarse con las funciones básicas de un procesador de texto.

→ Guardar una hoja de cálculo correctamente distinguiendo los formatos más utilizados.

→ Gestionar los elementos multimedia en un documento o presentación, asegurando su correcta integración.

→ Convertir un archivo (presentación, documento de texto u hoja de cálculo) al formato PDF, garantizando que se mantenga el formato original y que el archivo final sea compatible para su distribución.

→ Aplicar las estrategias de uso responsable de los recursos digitales para reducir el consumo energético, mejorar la eficiencia.

→ Fomentar las prácticas sostenibles en el uso de los equipos informáticos.

# 1. Introducción

El dominio de las herramientas ofimáticas y su uso responsable en los entornos digitales son los pilares fundamentales en la sociedad del conocimiento en la que nos encontramos inmersos. Para fortalecer las competencias y las prácticas básicas se debe trabajar con las aplicaciones de productividad más habituales, como son los procesadores de texto, las hojas de cálculo, los programas de presentaciones y los de gestión de documentos en formato PDF.

No hay que olvidarse de la denominada "dimensión de la sostenibilidad digital", que fomenta un uso consciente, eficiente y ambientalmente responsable de los recursos tecnológicos.

Susana y Julen trabajan en la misma empresa y han recibido el encargo de elaborar un informe completo y una presentación final para exponer ante su equipo los avances en inteligencia artificial de la empresa. Aunque ambos se manejan con los dispositivos de trabajo, descubren que no dominan del todo las herramientas ofimáticas necesarias para llevar a cabo el proyecto con la calidad que ellos quieren. Este problema les ha descubierto que necesitan adquirir nuevas competencias digitales para desarrollar este nuevo reto.

A medida que vayan avanzando, se irán enfrentando a situaciones reales como son la redacción de los textos, la gestión de los datos usando las hojas de cálculo, la elaboración de las presentaciones para convertir posteriormente toda esta información en un archivo .pdf que será entregado el día de la presentación de los datos al equipo. Son conscientes de que deben adoptar hábitos de sostenibilidad digital para optimizar los recursos y mejorar su flujo de trabajo y cuidar el medio ambiente de trabajo.

# 2. Uso de los procesadores de texto

 **HILO CONDUCTOR**

Susana asume la redacción del documento principal del informe, pero se ha dado cuenta de que debe mejorar la estructura, el formato y la coherencia visual del texto. Julen le ayudará a entender cómo funcionan los estilos, la inserción

*Continúa en página siguiente >>*

*<< Viene de página anterior*

de las imágenes y tablas, la configuración de página y las herramientas de revisión. Ambos descubrirán cómo estas opciones facilitan la creación de unos documentos más claros y profesionales.

- - - - - - - - - - - - - - - - - - - - - - - - - - - - - - - - - - - - - -

Un procesador de texto es una aplicación informática diseñada para la creación, edición y modificación de documentos escritos, integrando las distintas herramientas que permiten formatear el texto, estructurar los contenidos y mejorar su presentación. Estas aplicaciones incorporan distintas funciones como la corrección ortográfica, los estilos tipográficos, la inserción de imágenes y tablas, así como la posibilidad de trabajar con plantillas para el caso de los documentos profesionales o académicos.

Los procesadores de texto mejoran la productividad al permitir la colaboración en tiempo real, el almacenamiento en la nube y la integración con otros servicios digitales. Entre las aplicaciones más utilizadas se encuentran *Microsoft Word, Google Docs* o *LibreOffice Writer,* que ofrecen entornos versátiles y accesibles para los usuarios principiantes o profesionales que requieren de funcionalidades avanzadas.

## 2.1. Manejo de menús y barra de herramientas

La interfaz de un procesador de texto está diseñada para ofrecer un acceso rápido, claro y organizado a sus funciones principales, de modo que el usuario pueda crear y editar documentos eficientemente. Aunque cada aplicación tiene sus propios estilos visuales todas comparten una estructura que agrupa las herramientas según su finalidad. Esto permite que ciertas tareas como aplicar los formatos, insertar elementos o gestionar el documento resulten accesibles incluso para usuarios sin experiencia.

Los menús y las barras de herramientas proporcionan una experiencia coherente entre los diferentes procesadores de texto, facilitando la transición entre plataformas y entornos de trabajo. Independientemente de la disposición específica, el objetivo principal es ofrecer un entorno intuitivo en el que el usuario pueda concentrarse en la redacción y presentación del contenido, mientras que la organización de herramientas y comandos garantiza un flujo de trabajo ordenado y productivo.

## La cinta de opciones y menús

La cinta de opciones (barra de menús, según la aplicación utilizada) actúa como centro de control del programa, ofreciendo al usuario un acceso estructurado y visualmente claro a todas las herramientas disponibles. Cada pestaña agrupa funciones que comparten un propósito común, como aplicarle formato al texto, insertar elementos gráficos o ajustar la configuración del documento. Esta organización permite que el usuario identifique rápidamente la herramienta necesaria y agiliza la ejecución de las tareas habituales, desde las más básicas hasta las más avanzadas.

La disposición en pestañas permite mantener un entorno de trabajo ordenado, evitando la saturación de comandos y mejorando la navegabilidad general del programa. Gracias a este enfoque, los usuarios pueden desplazarse por las funciones del procesador de texto de manera intuitiva, optimizando el tiempo dedicado a la edición y permitiendo un flujo de trabajo más eficiente y estructurado.

Las pestañas más habituales que se pueden encontrar son:

- **Inicio:** reúne las principales herramientas de formato de texto, permitiendo modificar la fuente (tipo, tamaño, color y efectos), ajustar las opciones de párrafo (alineación, sangrías, interlineado, viñetas y numeración) y aplicar estilos predefinidos para mantener la coherencia visual en los títulos, subtítulos y contenido general. Esta combinación de opciones facilita una edición rápida, ordenada y profesional, garantizando que el documento mantenga una apariencia uniforme y clara.
- **Insertar:** permite agregar elementos al documento para enriquecer su contenido y mejorar su presentación, incorporando recursos como las tablas, utilizadas para organizar los datos de forma estructurada; las imágenes, que aportan un apoyo visual o ilustrativo; y los gráficos, ideales para representar la información numérica de manera clara. También facilita la inclusión de los encabezados y los pies de página, esenciales para mantener la identidad visual y el orden en el documento, así como las notas al pie, que sirven para añadir aclaraciones, referencias o información complementaria sin interrumpir la lectura del texto principal.
- **Diseño/Formato:** esta pestaña reúne las opciones esenciales para configurar la apariencia visual del documento, permitiendo definir los márgenes, ajustar la orientación de la página (vertical u horizontal), seleccionar el tamaño del papel atendiendo a las necesidades de impresión y aplicar los temas prediseñados que unifican los colores y las tipografías. Estas herramientas garantizan una presentación coherente, facilitando que el documento mantenga una estructura clara, equilibrada y adaptada al propósito final.

- **Referencias:** esta pestaña centraliza las herramientas de gestión de la estructura documental y la citación académica, permitiendo crear índices y tablas de contenido que se actualizan automáticamente según los encabezados del documento. Además, facilita la inserción de citas, la administración de las fuentes bibliográficas y la generación de una bibliografía completa en distintos estilos (APA, MLA, Chicago, entre otros). Estas funciones garantizan un trabajo ordenado, profesional y conforme a los estándares formales de presentación y referencia.
- **Revisar:** ofrece un conjunto de herramientas de corrección y control de la calidad del texto, que permiten verificar la ortografía, la gramática y consultar/insertar sinónimos para mejorar la precisión y la claridad del lenguaje. También incluye funciones de control de cambios, ideales para revisar y gestionar las modificaciones realizadas por los distintos colaboradores, así como los comentarios y sugerencias que facilitan el trabajo en equipo.
- **Vista:** ofrece distintas opciones de visualización del documento para trabajar de forma más cómoda y eficiente, ofreciendo aspectos como el diseño de impresión, que muestra cómo se verá el documento al imprimirse; el modo borrador, ideal para editar el texto sin distracciones; y la vista esquema, que organiza el contenido atendiendo a los niveles de los títulos para facilitar su reestructuración.

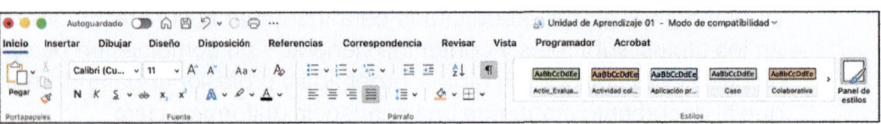

*Barra de herramientas con sus pestañas en el editor de texto Microsoft Word*

## Barras de herramientas de acceso rápido

Estas barras contienen los botones diseñados para ofrecer un acceso inmediato a las funciones más utilizadas, como **Guardar, Deshacer** y **Rehacer,** lo que permite realizar acciones con un solo clic. Su presencia en la interfaz responde a la necesidad de agilizar el trabajo, evitando que el usuario tenga que navegar entre múltiples pestañas o menús para ejecutar tareas básicas. Esta capa de accesibilidad contribuye a mantener un flujo de trabajo continuo y reduce el tiempo empleado en las operaciones repetitivas.

La posibilidad de personalizar estas barras representa una ventaja significativa para quienes desean adaptar el procesador de texto a su estilo y ritmo de trabajo. El usuario puede añadir los comandos específicos que emplea frecuentemente, reorganizar su disposición o incluso eliminar aquellos que no considere necesarios. Esta flexibilidad, además de mejorar la eficiencia, también permite configurar un entorno más cómodo y alineado con las necesidades de cada persona.

*Barra de acceso rápido de Microsoft Word con las opciones más habituales*

 **VÍDEO**

En el siguiente enlace puedes acceder a un vídeo en el que se explica la manera en la que se pueden personalizar las barras de herramientas y la cinta de acceso rápido.

https://redirectoronline.com/ctrd00420101

## 2.2. Configuración de un documento

Antes de comenzar a redactar, se debe configurar el documento para garantizar que el resultado final cumpla con los estándares de impresión, presentación o publicación. Esta preparación inicial incluye el ajuste de los parámetros como el tamaño de la página, los márgenes, la orientación y el espaciado, elementos que influyen directamente en la legibilidad y en la distribución del contenido. Dedicar unos minutos a definir estos aspectos evita correcciones posteriores que pueden resultar más complejas o modificar el documento por completo.

Configurar inicialmente el documento correctamente asegura una coherencia visual que facilita el proceso de redacción y la revisión final. SI el formato está bien definido, el usuario puede concentrarse sobre el contenido sin preocuparse por la estructura del documento. Esta práctica es especialmente importante en los trabajos académicos, informes profesionales o materiales destinados a publicaciones formales, donde el cumplimiento normativo es un requisito fundamental.

## Márgenes y orientación

La configuración de la página se realiza generalmente desde la pestaña **Diseño** o **Formato,** donde el usuario puede ajustar los parámetros fundamentales como el tamaño del papel, la orientación, los márgenes y el interlineado. Estas opciones permiten establecer la estructura base del documento antes de comenzar a redactarlo, asegurando que el contenido se distribuirá de manera adecuada y mantendrá una presentación clara y profesional.

Unificar estas funciones en un grupo específico dentro de la cinta de opciones permite realizar modificaciones rápidas sin afectar al resto de la configuración o al contenido ya escrito. La previsualización de los cambios en tiempo real mejora la precisión en la toma de decisiones, sobre todo en los documentos que requieren de un formato específico, como sucede con los trabajos académicos, los informes corporativos o los materiales destinados a la impresión.

Entre los elementos más habituales que se encuentran dentro de este grupo de opciones están:

- ⮑ **Márgenes:** definen el espacio en blanco que queda entre el borde del papel y el contenido del texto, garantizando una presentación equilibrada y facilitando su lectura. Estos espacios contribuyen a que el documento tenga una estructura limpia, ordenada y acorde con los estándares de formato; los márgenes más habituales son de 2.5 cm o 3 cm, según las necesidades de impresión o los requisitos académicos y profesionales.
- ⮑ **Orientación:** determina la disposición del documento sobre el papel y puede configurarse en **Vertical,** que es la más común para los textos continuos, informes y trabajos académicos, o en **Horizontal,** una opción especialmente útil cuando se necesita una mayor amplitud, como en el caso de las tablas, gráficos o presentaciones que requieren de un formato panorámico.
- ⮑ **Tamaño de papel:** el tamaño de papel determina las dimensiones físicas del documento y su formato de impresión. A nivel global, el estándar más utilizado es el A4 (210 x 297 mm), perteneciente a la serie internacional ISO y empleado en informes, trabajos académicos y documentos administrativos.

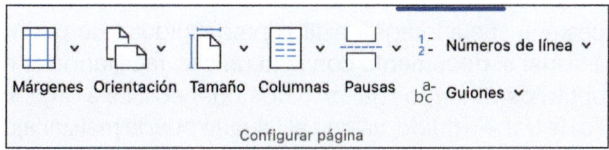

*Opciones disponibles dentro del grupo **Configurar página** de la pestaña **Disposición** en Microsoft Word*

 VÍDEO

En el siguiente enlace puedes acceder a un vídeo en el que se explican los distintos tamaños estandarizados de los documentos.

https://redirectoronline.com/ctrd00420102

## Formato de párrafo y fuente

El formato del texto se gestiona habitualmente desde la pestaña **Inicio,** donde se encuentran las herramientas para modificar la apariencia y la estructura del contenido. Desde este grupo, el usuario puede cambiar la tipografía, el tamaño de la letra, el color, la alineación, así como aplicar estilos como la letra negrita, cursiva o el subrayado. También incluye opciones para gestionar los párrafos, ajustar el interlineado y aplicar listas numeradas o con viñetas. Al unificar estas funciones básicas en un solo lugar, la pestaña **Inicio** se convierte en la pestaña más utilizada durante la redacción de los documentos.

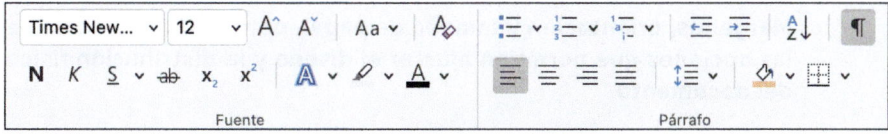

*Opciones disponibles dentro de los grupos **Fuente** y **Párrafo** de la pestaña **Inicio** en Microsoft Word*

Esta pestaña suele integrar estilos predefinidos que permiten darle coherencia visual al documento con solo un clic, facilitando la creación de títulos, subtítulos y cuerpos de texto homogéneos. Esta organización favorece un flujo de trabajo fluido, ya que el usuario puede realizar ajustes rápidos sin tener que navegar por otras áreas del programa.

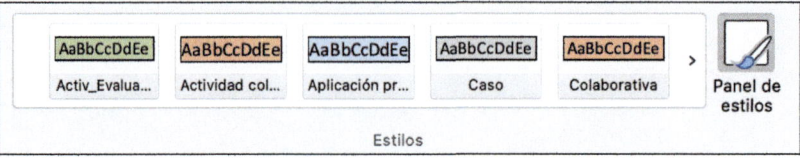

*Opciones de estilo disponibles dentro del grupo **Estilos** en la pestaña **Inicio** en Microsoft Word*

 ## RECUERDA

La pestaña **Inicio** desempeña un papel fundamental en el proceso de edición, asegurando que el texto mantenga una presentación clara, uniforme y profesional.

## APLICACIÓN PRÁCTICA

**En la oficina, Clara debe preparar un informe que será impreso y archivado. Antes de comenzar, ha revisado el documento y se ha dado cuenta de que debe ajustar el espacio alrededor del texto, cambiar la disposición del papel y adaptar el tamaño de la hoja para ajustarlo al modelo institucional. ¿Qué opción corresponde con las herramientas que debe utilizar Clara?**

**a. Interlineado, alineación y tabulaciones, porque modifican la estructura interna del párrafo.**

**b. Encabezado, pie de página y números de página, porque influyen en la presentación general del documento.**

**c. Márgenes, orientación y tamaño de papel, porque forman parte de las opciones que permiten ajustar el diseño y la distribución física del documento.**

*Continúa en página siguiente >>*

*<< Viene de página anterior*

**d. Ortografía, control de cambios y comentarios, porque ayudan a revisar y corregir el contenido antes de su entrega.**

**Solución**

La opción c) Márgenes, orientación y tamaño de papel, porque forman parte de las opciones que permiten ajustar el diseño y la distribución física del documento. El grupo Configuración de página incluye los ajustes como márgenes, orientación y tamaño del papel, que afectan directamente al diseño externo del documento y a su presentación impresa.

---

## 2.3. Herramientas de corrección ortográfica y gramatical

Los procesadores de texto incluyen herramientas para garantizar la calidad y la corrección del contenido, permitiendo al usuario detectar y corregir errores con precisión. Entre estas funciones destacan los correctores ortográficos y gramaticales, que identifican automáticamente los errores y sugieren las alternativas más adecuadas. También incorporan opciones para revisar la puntuación, mejorar la claridad del texto y ajustar el estilo según las directrices académicas o profesionales. Estas utilidades facilitan la generación de documentos más coherentes, legibles y profesionales sin necesidad de recurrir a herramientas externas.

Muchos procesadores de texto integran funciones avanzadas de revisión, como el control de cambios y la inserción de comentarios, especialmente útiles en los entornos colaborativos. Estas herramientas permiten que distintos usuarios trabajen simultáneamente sobre un mismo documento, manteniendo un registro de las modificaciones realizadas. Junto con los diccionarios personalizados, los sinónimos sugeridos y las opciones de autocompletado, estas funciones elevan significativamente la calidad final del contenido, optimizando la escritura individual y el trabajo en equipo.

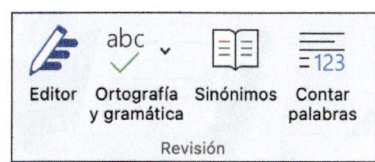

*Opciones de revisión disponibles dentro del grupo **Revisión** en la pestaña **Revisar** en Microsoft Word*

## Corrección automática

Mientras se escribe, el programa subraya automáticamente las palabras o frases que considera incorrectas, utilizando generalmente líneas onduladas de distintos colores para distinguir el tipo de error. Este sistema de identificación permite al usuario diferenciar los fallos ortográficos, gramaticales o de estilo sin interrumpir la redacción. Gracias a esta ayuda, es posible corregir las equivocaciones mientras se escribe, evitando que los errores se acumulen y facilitando la elaboración de un texto más coherente.

Al situar el cursor sobre la palabra subrayada o al hacer clic derecho sobre ella, el procesador de texto ofrece sugerencias de corrección o alternativas adecuadas. Esta funcionalidad, además de agilizar el proceso de revisión, también contribuye al aprendizaje del usuario, ya que permite comprender el origen del error y elegir la opción más adecuada. De esta manera, el subrayado automático se convierte en una herramienta esencial para mantener la calidad lingüística del documento desde el inicio de la escritura.

Atendiendo al color del subrayado, se pueden encontrar las siguientes opciones:

- **Subrayado rojo:** aparece cuando el programa detecta un posible error ortográfico, generalmente porque la palabra no se encuentra en su diccionario. Esto puede deberse a faltas de ortografía, errores tipográficos, términos mal escritos o palabras desconocidas para el sistema, como nombres propios poco comunes o tecnicismos no registrados.
- **Subrayado azul:** señala un posible error gramatical o de estilo, alertando sobre problemas de concordancia, fallos en la puntuación, uso incorrecto de mayúsculas, construcciones confusas o frases que el programa considera mejorables. Su función es ayudar al usuario a revisar la coherencia y la claridad del texto, permitiendo identificar y corregir las estructuras que, aunque no sean estrictamente errores ortográficos, pueden afectar a la calidad y a la precisión de la redacción.

*La corrección ortográfica y gramatical ayuda a conseguir documentos sin errores.*

## 2.4. Diseño y creación de documentos utilizando tablas sencillas, gráficos e imágenes

Los procesadores de texto permiten integrar otros elementos no textuales para enriquecer la comunicación como son las imágenes, las tablas, las formas, los gráficos y otros recursos visuales que complementan el contenido escrito. Estos elementos ayudan a clarificar la información, aportan datos estructurados o facilitan la comprensión de conceptos y contenidos que serían más difíciles de entender si únicamente se hiciera mediante texto. La posibilidad de ajustar el tamaño, la ubicación y el formato permite adaptarlos a las necesidades del documento, garantizando una presentación atractiva y funcional.

La integración de contenido multimedia mejora la profesionalidad del documento y facilita la creación de materiales más completos y dinámicos. Funciones como la inserción de los vínculos, las capturas de pantalla o los iconos amplían las funcionalidades del procesador de texto.

 **IMPORTANTE**

Gracias a las herramientas de diseño y creación de documentos, el usuario puede elaborar informes, presentaciones o trabajos académicos con mayor impacto visual, consiguiendo una comunicación clara, efectiva y orientada a diferentes tipos de audiencias.

### Tablas sencillas

Las tablas son un elemento esencial para organizar los datos de forma estructurada, ya que permiten presentar información de manera clara, ordenada y fácil de interpretar. Su inserción se realiza desde la pestaña **Insertar,** desde donde el usuario puede definir la cantidad de filas y columnas según las necesidades del documento. Este sistema facilita la creación de listados, comparativas, cronogramas o cualquier tipo de contenido que requiera de una distribución precisa y visualmente coherente.

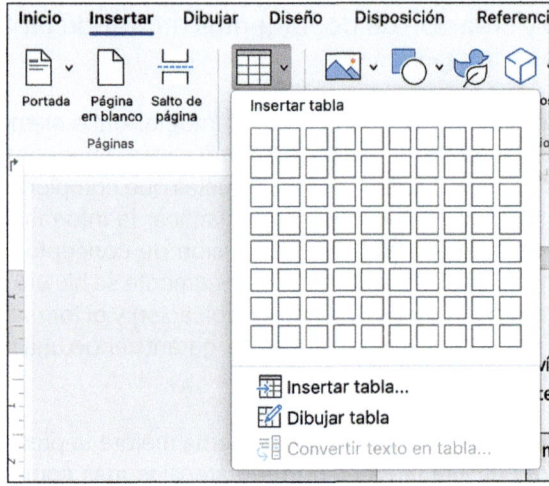

*Inclusión de una tabla desde la pestaña **Insertar** en Microsoft Word*

Una vez insertadas las tablas, el procesador de texto activa automáticamente las opciones de diseño de tabla, que permiten modificar los bordes, aplicar sombreados, ajustar los colores y seleccionar estilos predeterminados. Estas opciones permiten adaptar la tabla a la estética del documento o a las exigencias formales del trabajo académico o profesional.

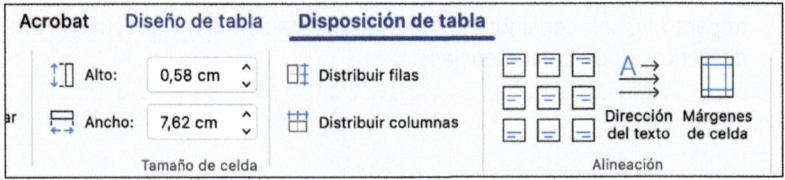

*Opciones de configuración de la tabla dentro de la pestaña **Disposición de tabla**, que únicamente se muestra al seleccionar los elementos de la tabla en Microsoft Word.*

## Gráficos e imágenes

Los gráficos e imágenes desempeñan un papel fundamental en los procesadores de texto, ya que permiten complementar la información escrita con elementos visuales que facilitan su comprensión. A través de la pestaña **Insertar,** el usuario puede añadir fotografías, ilustraciones, iconos, capturas de pantalla y gráficos. Estos recursos, además de enriquecer la presentación del documento, también ayudan a destacar la información relevante, ilustrar los conceptos o apoyar los argumentos teóricos con evidencias visuales. Su incorporación resulta especialmente útil en informes, presentaciones académicas y materiales divulgativos.

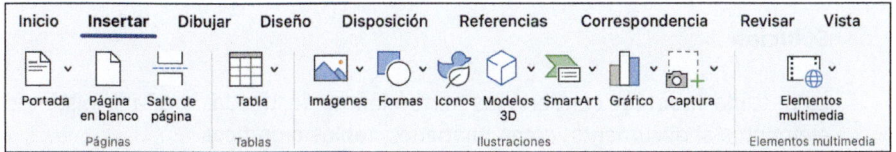

*Opciones de configuración de la página e inserción de elementos disponibles dentro de la pestaña **Insertar** en Microsoft Word*

Una vez insertados los gráficos y las imágenes en el documento, los procesadores de texto activan las herramientas específicas para editar y ajustar estos elementos. Entre las acciones más habituales se encuentran la modificación del tamaño, la aplicación de estilos, recortar las áreas no deseadas, ajustar el brillo o el contraste y definir cómo se integran con el texto mediante el ajuste "En línea", "Cuadrado" o "Detrás del texto". En el caso de los gráficos, es posible cambiar los colores, las etiquetas, las leyendas y los tipos de representación (columnas, líneas, circulares, entre otros). Estas funciones permiten adaptar cada elemento visual al propósito del documento, logrando una presentación clara, atractiva y profesional.

## IMPORTANTE

Aunque los procesadores de texto pueden insertar gráficos, estos suelen recoger los datos de una hoja de cálculo (como *Excel*).

## APLICACIÓN PRÁCTICA

**Un nuevo compañero de curso ha empezado a trabajar con un procesador de texto por primera vez. Mientras prepara el documento para una actividad, se da cuenta de que necesita añadir una imagen, pero no sabe en qué parte del menú encontrar esa opción. Te pide ayuda para identificar la pestaña correcta y poder continuar su trabajo sin**

*Continúa en página siguiente >>*

*<< Viene de página anterior*

**dificultad. ¿Qué pestaña debe seleccionar para insertar una imagen en un documento?**

**Solución**

La pestaña **Insertar** contiene las herramientas destinadas a añadir distintos elementos al documento, como imágenes, tablas o gráficos.

---

## 2.5. Numeración de página, encabezados y notas al pie

Para la organización y la correcta referenciación de los contenidos en los documentos largos, se utilizan los encabezados y los pies de página que permiten incluir una información constante en todas las páginas, como pueden ser los títulos de los capítulos, los nombres de los autores, las fechas o la numeración de las páginas. Estas secciones ayudan a mantener una estructura coherente y facilitan la navegación del lector, especialmente si los documentos son extensos, en los que la claridad y el orden son esenciales. Si se usan adecuadamente contribuyen a conseguir una presentación profesional.

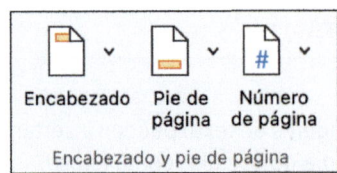

*Opciones de elementos para insertar en el encabezado y en el pie de página dentro de la pestaña **Insertar** en Microsoft Word*

La numeración de las páginas, los encabezados y las notas al pie se encuentran dentro del grupo **Encabezado y pie de página** de la pestaña **Insertar,** desde donde se pueden seleccionar distintos estilos predefinidos o incorporar uno personalizado que, por ejemplo, incorpore el logotipo de la empresa.

## SABÍAS QUE...

Estas herramientas permiten diferenciar el contenido entre páginas pares e impares o entre secciones específicas, pudiendo establecer diferentes estilos dependiendo de la estructura del documento.

- - - - - - - - - - - - - - - - - - - - - - - - - - - - - - - - - - - - - - - - -

## Encabezados y pies de página

Los encabezados y los pies de página son áreas reservadas en los márgenes superior e inferior de cada página, que son visibles en todas las páginas del documento. Su función principal es dejar un espacio en el que se pueda incorporar información que debe repetirse en todas las páginas, como puede ser el título del capítulo, nombre de la obra, etc. Al ubicarse fuera de la zona principal de texto, estos elementos no interfieren en el contenido redactado, pero aportan claridad estructural y facilitan la identificación del documento en los contextos académicos, profesionales o administrativos.

---

**U. A. 1** → **CONCEPTOS BÁSICOS SOBRE SEGURIDAD Y SALUD EN EL TRABAJO**

### 1. Introducción

---

*Ejemplo de encabezado de página de un manual formativo*

## Numeración de página

La numeración de página inserta un número correlativo automáticamente que se actualiza a medida que se añaden, eliminan o reorganizan las páginas del documento. Ofrece diferentes formatos de numeración, como números simples, combinaciones con texto o estilos más elaborados, lo que facilita su adaptación a las normas académicas, empresariales o editoriales.

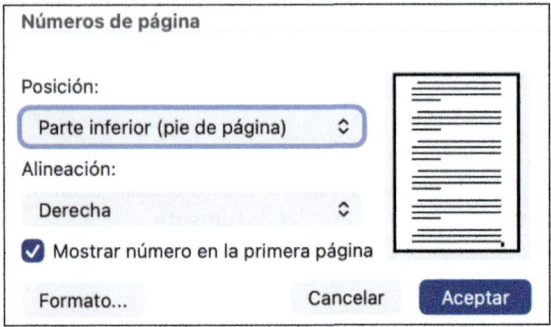

*Opciones de inserción de los números de página en Microsoft Word*

Los números de página se pueden colocar en distintas ubicaciones dentro del documento, atendiendo a los requisitos de diseño del documento.

 **RECUERDA**

Al combinar esta función con otras de diseño, se puede obtener un documento profesional y organizado, que mantenga una apariencia uniforme en todas sus páginas.

## Notas al pie

Las notas al pie son anotaciones o referencias que se colocan en la parte inferior de la página a la que hacen referencia, permitiendo ampliar información sin interrumpir la lectura del texto principal. Estas notas se generan de manera automática mediante herramientas específicas, lo que garantiza que se numeren correctamente si se añaden, eliminan o se reordena el contenido. Su función es ofrecer aclaraciones, comentarios adicionales o detalles que complementan la información del documento sin sobrecargar el cuerpo principal del texto.

## SABÍAS QUE...

Las notas al pie son fundamentales en la redacción académica, ya que permiten citar las fuentes de manera precisa, cumpliendo con normas de estilo como APA, MLA o Chicago, ya que le permiten al lector profundizar en aspectos concretos del texto, ubicar la procedencia de la información y entender mejor la argumentación.

---

## 2.6. Guardado de archivos. Tipos de archivo de texto (.docx, .odt, .pdf, entre otros)

El guardado de la información es un elemento vital para preservar el trabajo, ya que permite evitar la pérdida de la información debida a los posibles errores inesperados, fallos del sistema o cierres accidentales del programa. Al guardar periódicamente los contenidos, el usuario se asegura que cada modificación quede registrada, manteniendo una copia actualizada del documento en el dispositivo o en la nube.

Además de la opción de guardado, muchos procesadores de texto ofrecen otras opciones complementarias como el autoguardado automático, que sube el archivo a una nube y se trabaja desde ella, sincronizando la información en línea, lo que proporciona un nivel adicional de seguridad y flexibilidad. Estas funciones permiten recuperar el contenido en caso de errores, trabajar desde distintos dispositivos y mantener un historial de cambios accesible en cualquier momento. Gracias a estas herramientas, el proceso de guardado protege la información y optimiza el flujo de trabajo.

### Guardar y Guardar como

La opción **Guardar** permite almacenar los cambios realizados en un documento que haya sido creado previamente, actualizando la versión existente sin necesidad de seleccionar nuevamente la ubicación o el formato. Mediante un solo clic se registran todas las modificaciones realizadas desde el último guardado.

## IMPORTANTE

El uso frecuente de la opción **Guardar** es fundamental para evitar las pérdidas de información y asegurar que el archivo refleje el estado más reciente del contenido.

---

La opción **Guardar como** permite crear una copia del documento con un nombre diferente, en otra ubicación o en un formato distinto. Esta función es útil cuando se desea conservar una versión original del documento, generar variantes del mismo archivo o convertir el contenido a otros formatos, como PDF o plantillas reutilizables.

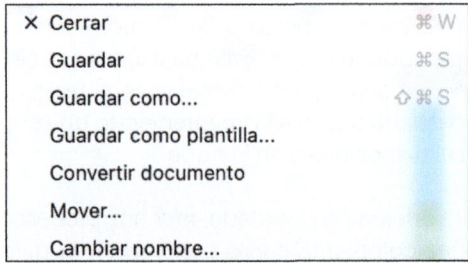

*Opciones de guardado de los documentos en Microsoft Word*

## Tipos de archivo de texto

La elección del formato de archivo depende de la compatibilidad y del propósito final del documento, ya que cada tipo de archivo ofrece unas características específicas que pueden influir en su visualización, edición o distribución. Formatos como el **.docx** permiten una edición completa y son óptimos para los documentos en proceso de edición, mientras que otros, como los **.pdf,** aseguran que el contenido se mantenga inalterado sin importar el dispositivo o el programa utilizado para abrirlo. Seleccionar el formato adecuado garantizará que el documento cumpla con los requisitos técnicos y de uso previstos.

Optar por un formato concreto facilita la colaboración, la impresión o la publicación dependiendo de las necesidades del proyecto. Por ejemplo, los archivos **.odt** son compatibles con *software* de código abierto, mientras que otros formatos como los **.txt** son útiles para textos simples sin formato.

## IMPORTANTE

La decisión en el tipo de formato elegido para el archivo influye en el mantenimiento del diseño, la integridad del contenido y la accesibilidad para otros usuarios, motivo por el que se deben conocer las características de cada tipo de formato y sus aplicaciones.

---

## ACTIVIDAD COMPLEMENTARIA

1. Investiga sobre distintas aplicaciones de procesadores de texto diferentes y explicar brevemente para qué tipo de usuario o situación consideras que cada una resulta más adecuada.
   ¿Crees que la variedad de aplicaciones de procesadores de texto disponibles favorece la productividad y la accesibilidad o complica la colaboración por las diferencias de compatibilidad? Justifica tu respuesta.

---

## 2.7. Impresión de un documento

La impresión de un documento es el proceso mediante el cual el contenido digital se transfiere a un formato físico, habitualmente en papel, permitiendo su lectura, distribución o archivo fuera del entorno digital. Antes de imprimir, se deben revisar algunos aspectos como el tamaño de la página, los márgenes, la orientación y la calidad de la impresión, ya que estos aspectos determinan cómo se verá el documento una vez impreso.

## SABÍAS QUE...

La función de vista previa resulta especialmente útil para identificar los posibles desajustes y garantizar que el resultado final coincida con lo esperado.

---

## Vista previa de impresión

La **vista previa de impresión** le muestra al usuario cómo se verá el documento, en el soporte elegido, antes de enviarlo a la impresora. Esta herramienta ayuda a detectar los posibles errores en la distribución del contenido, como los saltos de página incorrectos, las imágenes desalineadas, los márgenes inadecuados o los encabezados y pies de página mal configurados.

La vista previa ofrece otras opciones adicionales, como ajustar el tamaño del documento, seleccionar unas páginas específicas o cambiar la orientación del documento directamente desde el panel.

 **RECUERDA**

Al utilizar la vista previa de impresión, el usuario optimiza el proceso y el resultado final, evitando impresiones erróneas y garantizando un acabado coherente con la intención original del diseño.

## Opciones de impresión

Las opciones de impresión permiten ajustar cómo será impreso el documento en papel, detallando aspectos como el rango de páginas que imprimir, el número de copias, la orientación, el tamaño del papel y la calidad del trabajo. Desde este panel, se puede decidir si se desea imprimir todo el documento, solo determinadas páginas o una selección específica, lo que resulta especialmente útil en archivos extensos. Además, es posible elegir entre la impresión a una cara o a doble cara, seleccionar la bandeja de papel y definir configuraciones específicas de la impresora instalada.

 **TAREA 1**

Acabas de incorporarte como auxiliar administrativo en la empresa Innova-Servicios S. L. Es tu primer día y quieren saber cómo te desenvuelves con el procesador de texto, motivo por el que te han pedido que crees un documento

*Continúa en página siguiente >>*

*<< Viene de página anterior*

muy sencillo para comprobar que sabes manejar la herramienta. Para ello te preguntan sobre los siguientes aspectos:

- ¿Cómo crearías un documento nuevo?
- ¿Cómo pondrías un contenido en negrita?
- ¿Cómo le pondrías a una frase un tamaño de 14 puntos?
- ¿Cómo le cambiarías el formato al párrafo?

¿Se pueden insertar imágenes en el documento? ¿Cómo lo harías?

¿Cómo procederías a guardar el archivo con otro nombre o extensión?

---

# 3. Uso de las herramientas de hojas de cálculo

☞ **HILO CONDUCTOR**

Julen se va a encargar de organizar los datos de las ventas que acompañarán el informe, pero al abrir la hoja de cálculo descubre que trabajar con referencias, fórmulas y rangos no es tan sencillo como recordaba. Susana le ayudará a interpretar esos datos, de forma que juntos utilizarán las funciones básicas, la creación de gráficos y la aplicación de los distintos formatos que les permitan analizar y presentar la información con mayor claridad.

---

Una hoja de cálculo es un archivo informático que permite trabajar con datos numéricos y alfanuméricos organizados en tablas compuestas por celdas distribuidas en filas y columnas. Esta estructura facilita la organización y el procesamiento de la información de manera ordenada, permitiendo el trabajo eficiente con grandes cantidades de datos. La flexibilidad de las hojas de cálculo las ha convertido en herramientas esenciales en los ámbitos académicos, administrativos y empresariales.

Su misión principal es realizar cálculos complejos mediante el empleo de fórmulas y funciones, además de permitir el análisis de los datos y la creación de representaciones visuales en forma de gráficos o tablas dinámicas. Gracias a estas capacidades, las hojas de cálculo ayudan a interpretar la información, identificar los posibles patrones y tomar decisiones basadas en datos concretos. Entre los programas más conocidos se encuentran *Microsoft Excel, Google Sheets* y *LibreOffice Calc,* todos ellos ampliamente utilizados por su facilidad para integrarse en los distintos entornos de trabajo.

## 3.1. Manejo de menús y barra de herramientas

Al igual que sucede en los procesadores de texto, el manejo de los menús y la barra de herramientas en una hoja de cálculo es fundamental para acceder de forma rápida y organizada a todas las funciones del programa.

 **RECUERDA**

Los menús agrupan distintas opciones como Archivo, Edición, Formato o Datos, permitiendo localizar los comandos específicos fácilmente.

La barra de herramientas muestra los iconos de uso frecuente, como **Guardar, Deshacer, Aplicar formato** o **Insertar elementos,** agilizando las tareas más habituales durante el trabajo con datos.

### La interfaz y la cinta de opciones

La interfaz y la cinta de opciones en una hoja de cálculo conforman el entorno principal desde el que el usuario interactúa con todas las opciones del programa. La interfaz se compone de elementos como las celdas, las filas y las columnas, las barras de desplazamiento y los paneles adicionales que permiten visualizar y organizar los datos de forma estructurada.

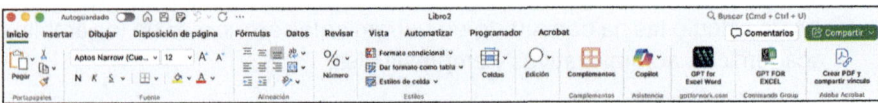

*Barra de herramientas con sus pestañas en el programa de hojas de cálculo Microsoft Excel*

## RECUERDA

La disposición de la interfaz y la cinta de opciones mejoran la productividad, sobre todo cuando se gestionan hojas extensas o cálculos avanzados.

---

## La barra de fórmulas

Si hay un elemento fundamental en la interfaz de una hoja de cálculo es la barra de fórmulas, encargada de mostrar y editar el contenido de la celda seleccionada. Cuando el usuario introduce cualquier tipo de dato, ya sean textos, números o fórmulas, esta barra refleja lo que contiene la celda, incluso si el resultado visible en la hoja es diferente debido a los cálculos o a los formatos aplicados.

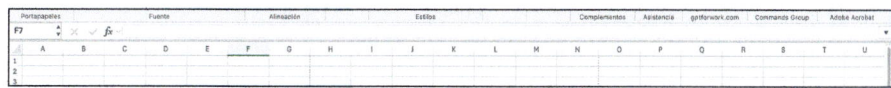

*La barra de fórmulas es el elemento más importante de los programas de hojas de cálculo como Microsoft Excel.*

La barra de fórmulas se vuelve un elemento de ayuda cuando se debe trabajar con fórmulas extensas o funciones anidadas, ya que proporciona un espacio amplio y claro para revisar su estructura.

## SABÍAS QUE...

Si pulsas las teclas [ALT] + [Intro] en la barra de fórmulas incorporas un salto de línea.

---

## 3.2. Utilización de fórmulas de cálculo básicas

El elemento fundamental de las hojas de cálculo son las fórmulas, que permiten realizar operaciones matemáticas, estadísticas y lógicas utilizando los datos alojados en las celdas. Al introducir una fórmula, el programa interpreta los valores y las referencias generando un resultado automático que se actualizará cada vez que cambien los datos asociados. Esto convierte a las hojas de cálculo en herramientas dinámicas, capaces de resolver desde cálculos simples hasta modelos complejos con grandes volúmenes de información.

Toda fórmula comienza con el signo igual (=), lo que le indica al programa que debe interpretar el contenido como una operación y no como texto.

 **SABÍAS QUE...**

Si en una celda introduces un texto se alinea al lado izquierdo de la celda y si es un número se alinea al lado derecho.

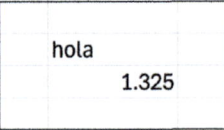

### Operadores aritméticos básicos

Los operadores aritméticos básicos permiten realizar cálculos fundamentales dentro de una hoja de cálculo, siendo la base de la mayoría de las operaciones numéricas. Estos operadores incluyen la suma (+), la resta (-), la multiplicación (*), la división (/), la exponenciación (^) y el porcentaje (%). Su uso facilita la construcción de fórmulas simples que permiten obtener resultados automáticamente, actualizándose en tiempo real cuando cambian los valores de las celdas relacionadas.

Si estos elementos se combinan con referencias a otras celdas se pueden replicar los cálculos en otras filas o columnas sin necesidad de reescribir las fórmulas.

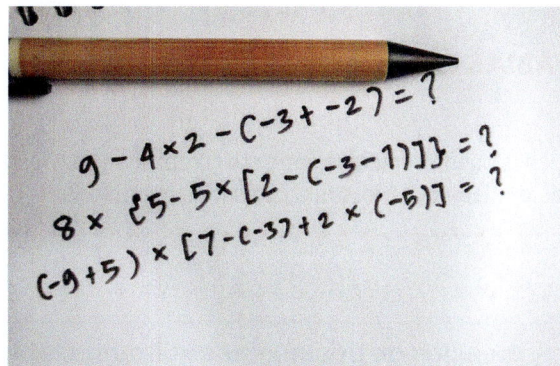

*En la imagen se muestran varias operaciones escritas en un cuaderno junto a un bolígrafo.*

 ACTIVIDAD COMPLEMENTARIA

2. En una hoja de cálculo, el orden en el que se resuelven las operaciones influye directamente en el resultado final. Investiga cómo funciona la prioridad de los operadores y responder a las siguientes preguntas.

- ¿Cuál es el orden correcto de prioridad de operadores?
- ¿Qué operadores se evalúan primero y cuáles después?
- ¿Qué función cumplen los paréntesis en una fórmula?
- ¿Hay diferencias entre *Excel* y *Google Sheets?*

## Funciones de cálculo esenciales

Los operadores aritméticos básicos tienen asociadas las funciones de cálculo propias, simplificando el trabajo con grandes cantidades de datos. Entre ellas destacan las funciones SUMA, COCIENTE, PRODUCTO, POTENCIA, así como PROMEDIO, MAX, MIN y CONTAR, que facilitan la obtención de los resultados sin necesidad de escribir fórmulas largas o complejas. Estas funciones permiten analizar la información numérica, identificar los valores relevantes y obtener estadísticas básicas seleccionando un rango de celdas.

## SABÍAS QUE...

Las funciones pueden anidarse entre sí o combinarse con operadores, referencias absolutas o relativas y otras funciones más avanzadas.

### 3.3. Diseño y creación de documentos utilizando tablas sencillas y creación de gráficos

A las hojas de cálculo se les pueden aplicar distintos formatos que mejoren la lectura y la interpretación de la información. A través de las opciones como el cambio de fuente, el color, el tamaño, los bordes o la alineación, es posible destacar valores, organizar tablas y crear una estructura visual coherente, de manera que los datos sean más comprensibles y que el documento adquiera un aspecto profesional.

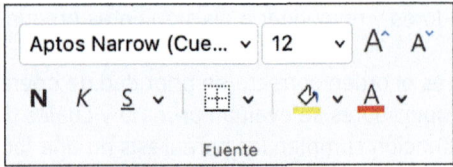

*Opciones de configuración de la fuente del texto en la aplicación de hojas de cálculo Microsoft Excel*

Además, las hojas de cálculo incorporan funciones avanzadas de formato condicional que permiten resaltar automáticamente las celdas según unos criterios específicos, como valores superiores a una cantidad, o que están duplicados dentro de un conjunto de datos. Gracias a estas opciones, el usuario puede transformar los conjuntos de números en información visualmente atractiva y fácil de interpretar, mejorando la comunicación de los resultados y las conclusiones.

### Diseño de tablas sencillas

Aunque la hoja de cálculo tiene un diseño similar a una tabla (organizada en filas y columnas), se pueden aplicar formatos específicos para mejorar la legibilidad y la estructura, con el fin de organizar la información de una manera más clara y profesional. Entre estas opciones se encuentran la aplicación de los bordes y el sombreado de las celdas, o la alineación del texto y el ajuste automático del ancho de las columnas y de la altura de las filas.

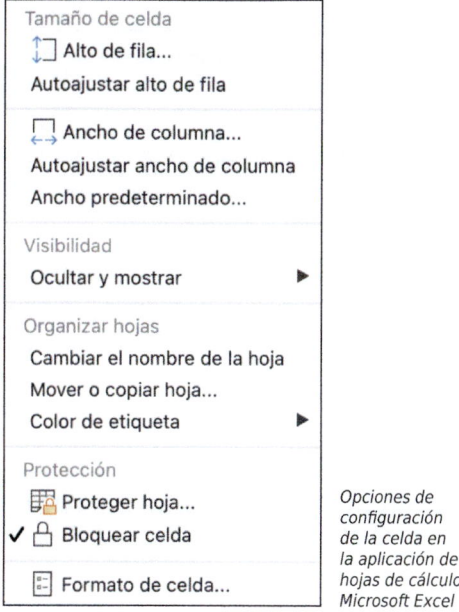

*Opciones de configuración de la celda en la aplicación de hojas de cálculo Microsoft Excel*

Un elemento que no se debe perder de vista es el formato en el que las celdas mostrarán los valores introducidos en ellas para facilitar que los datos se interpreten correctamente atendiendo a la naturaleza de estos. Aunque es posible personalizar estos formatos, los más habituales son los numéricos como moneda, porcentaje, fecha o notación científica, de manera que se mejora el orden de los datos introducidos en la hoja de cálculo.

## Creación de gráficos

Los gráficos transforman los datos numéricos en representaciones visuales que facilitan la interpretación de las tendencias, comparaciones y patrones que podrían pasar desapercibidos en una tabla convencional. Mediante las barras, las líneas, las áreas, los círculos y otros modelos de gráficos, el usuario puede identificar de forma inmediata la evolución de los valores, detectar posibles puntos críticos y comprender la distribución de la información con mayor claridad. Esta visualización resulta especialmente útil en los informes, las presentaciones o los análisis estratégicos, donde la comunicación efectiva de los resultados es esencial.

*Distintos tipos de gráficos disponibles en Microsoft Excel*

 **SABÍAS QUE...**

Las hojas de cálculo permiten personalizar los gráficos mediante la modificación de los colores, los estilos, las etiquetas, los títulos y las leyendas, lo que favorece su adaptación a los diferentes contextos y necesidades de análisis.

## 3.4. Guardado de archivos. Tipos de archivo de hojas de cálculo (.xlsx, .ods, entre otros)

El guardado de archivos de hoja de cálculo sigue el mismo principio que en los procesadores de texto, pero tiene sus propios formatos específicos diseñados para preservar fórmulas, funciones, vínculos y configuraciones particulares. Formatos como **.xlsx, .ods** o **.xls** permiten mantener la estructura del libro, incluyendo las hojas, los estilos aplicados y los cálculos incorporados. Gracias a esta compatibilidad, el usuario se asegura la integridad del documento y que las operaciones matemáticas continúan funcionando correctamente al reabrir el archivo con el mismo programa o en las aplicaciones compatibles.

Al igual que sucede con los procesadores de texto, las hojas de cálculo permiten exportar el contenido a otros formatos como **.csv, .pdf** o **.html,** lo que es de utilidad cuando se necesita compartir los datos sin fórmulas o publicar la información. La elección del formato adecuado depende del propósito final del archivo: mientras que **.csv** es ideal para las bases de datos y transferencias entre plataformas, **.pdf** garantiza una presentación fija y no editable.

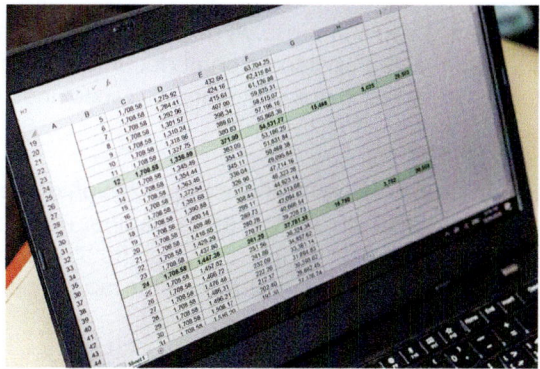

*Las principales herramientas tienen la capacidad de abrir los archivos generados en otras aplicaciones.*

## 3.5. Impresión de una hoja de cálculo

Imprimir una hoja de cálculo requiere de una especial atención debido a la estructura de cuadrícula, ya que los datos ocupan distintas filas y columnas. Antes de enviar el documento a la impresora, se deben ajustar el área de impresión, los márgenes, la orientación de la página y la escala para evitar que la información quede cortada o se distribuya de manera desordenada. Estas configuraciones permiten definir exactamente qué parte de la hoja se imprimirá y cómo se ubicará en el papel, garantizando una presentación clara y coherente.

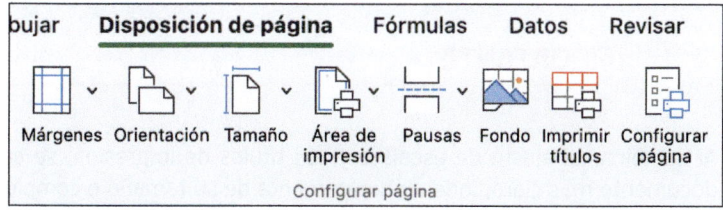

*Distintos apartados relacionados con la disposición de la página y la impresión disponibles en Microsoft Excel.*

### Configuración del área de impresión

Es habitual que una hoja de cálculo sea más ancha o más larga que una página estándar, lo que puede generar cortes indeseados o una distribución "difícil" al imprimir. Para evitar estos problemas, se debe definir el **Área de impresión,** una opción que permite seleccionar el rango de celdas que se desea incluir en la copia impresa. Al delimitar este área, se controla exactamente qué información aparecerá en el documento final, evitando que se impriman zonas vacías, datos irrelevantes o secciones incompletas de la tabla.

Definir el área de impresión facilita la organización del documento y ayuda a optimizar el espacio disponible en la página. Esta función se complementa con otras opciones de impresión, como ajustar el contenido a una página, repetir filas o columnas de encabezado y configurar márgenes personalizados.

---

## Ajuste de escala y títulos

El **Ajuste de escala** permite reducir o ampliar el contenido de la hoja de cálculo para que se adapte correctamente al tamaño de la página al imprimir. Esta herramienta es muy útil cuando los datos ocupan un área mayor que el espacio disponible, ya sea a lo ancho o a lo largo. Ajustar la escala evita que el contenido se corte o se distribuya en exceso en varias páginas, logrando una presentación compacta y ordenada. Se puede optar por ajustar todo a una página, solo el ancho o solo el alto, dependiendo de las necesidades del documento.

Los **Títulos de impresión** permiten repetir automáticamente filas o columnas específicas, que serán normalmente los encabezados, en cada página impresa.

## IMPORTANTE

Al combinar el ajuste de escala con los títulos de impresión, se consigue un documento más claro, independientemente de su tamaño o complejidad.

- - - - - - - - - - - - - - - - - - - - - - - - - - - - - - - - - - - - - -

## TAREA 2

Trabajas como auxiliar administrativo en la empresa EcoData S. L., dedicada a la elaboración de informes con hojas de cálculo para clientes y proveedores.

*Continúa en página siguiente >>*

*<< Viene de página anterior*

Acabas de crear la tabla correspondiente a los datos pedidos por el cliente, pero desconoces el formato del archivo que debes crear, motivo por el que has decidido guardarlo en distintos formatos.

- ¿Cuál sería el procedimiento adecuado para guardar el archivo con la extensión .xlsx? ¿Cuándo es adecuado el uso de esta extensión?
- ¿Cuál sería el procedimiento adecuado para guardar el archivo con la extensión .ods? ¿Cuándo es adecuado el uso de esta extensión?
- ¿Cuál sería el procedimiento adecuado para guardar el archivo con la extensión .csv? ¿Cuándo es adecuado el uso de esta extensión?

---------------------------------------------

# 4. Uso de las herramientas para elaborar presentaciones

## ☞ HILO CONDUCTOR

Una vez redactado el documento y analizados los datos, Susana y Julen deben presentar los resultados ante el equipo directivo. Para ello, explorarán distintas herramientas de presentación que les permitan incorporar los textos, las imágenes, los gráficos y otros elementos multimedia en las diapositivas. Juntos seleccionarán la plantilla adecuada, sobre la que aplicarán los colores corporativos y distribuirán los contenidos siguiendo unos criterios visuales coherentes.

---------------------------------------------

Las herramientas de presentación son aplicaciones para crear secuencias de diapositivas que facilitan la comunicación visual de la información. Estas plataformas permiten combinar textos, imágenes, gráficos, videos y elementos interactivos para construir mensajes atractivos adaptados a las diferentes audiencias. Su estructura basada en diapositivas favorece la organización del contenido y mejora la comprensión del público, convirtiéndolas en un recurso fundamental para las clases y las conferencias. Además, incorporan plantillas y diseños predeterminados que ayudan a mantener una estética profesional sin necesidad de tener conocimientos avanzados de diseño.

Entre los programas más populares se encuentran **Microsoft PowerPoint, Google Slides, Keynote (Apple)** y **LibreOffice Impress;** todos ellos tienen funcionalidades similares.

## 4.1. Manejo de menús y barra de herramientas

La interfaz de estas herramientas está optimizada para la creación y edición de diapositivas, organizando sus elementos de manera que el usuario pueda trabajar cómoda y rápidamente. En el lateral izquierdo se suele encontrar un panel que muestra una vista en miniatura de todas las diapositivas, permitiendo navegar entre ellas, reorganizarlas o duplicarlas fácilmente. Esta disposición facilita la estructura de la presentación, ya que el usuario puede visualizar la secuencia completa mientras edita cada diapositiva individualmente.

En la zona central se ubica la vista principal de diseño, que es el espacio donde se construye cada diapositiva añadiéndole los textos, las imágenes, los gráficos y otros elementos multimedia.

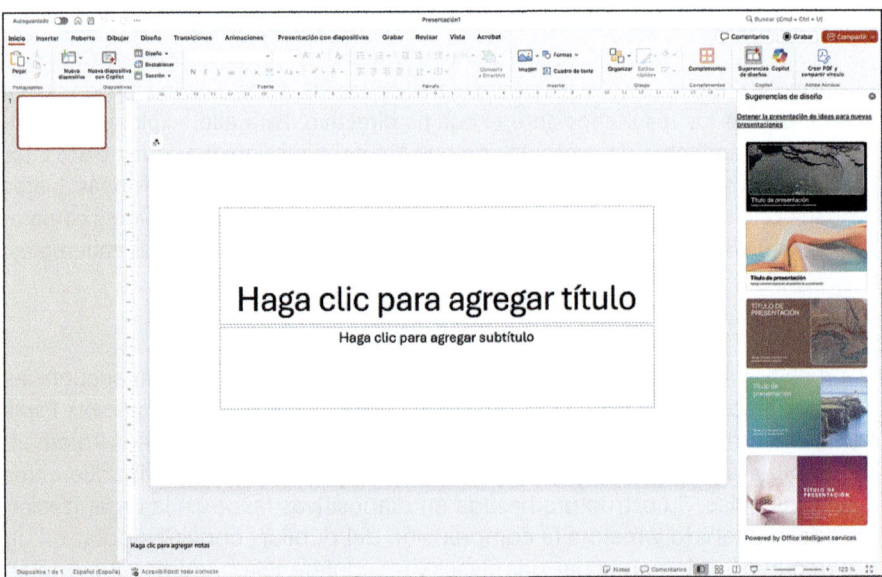

*Interfaz de la aplicación Microsoft PowerPoint*

## La interfaz de diseño

La **interfaz de diseño** es el espacio central donde se diseñan y organizan los elementos visuales de cada diapositiva, permitiendo al usuario editar los textos, insertar las imágenes, ajustar las formas y aplicar los estilos deseados. En este área se visualiza la diapositiva a tamaño completo, lo que facilita la distribución y alineación de los contenidos. Las herramientas disponibles en esta vista permiten modificar tipografías, colores, fondos y elementos gráficos, garantizando que cada diapositiva mantenga la coherencia estética y la claridad comunicativa.

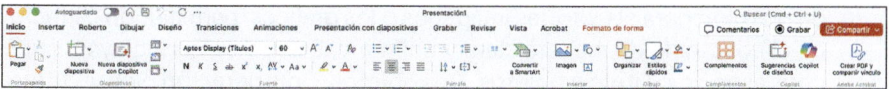

*Barra de herramientas con sus pestañas en el programa de presentaciones Microsoft PowerPoint*

La interfaz de diseño está estrechamente integrada con otros paneles y menús adicionales que ofrecen opciones avanzadas, como animaciones, transiciones o formatos específicos para los objetos. Esta estructura facilita la personalización de cada diapositiva sin perder de vista el aspecto general de la presentación.

## 4.2. Configuración y desarrollo de diapositivas

El diseño de una presentación comienza con la configuración de las diapositivas, lo que incluye definir su tamaño, elegir la orientación y seleccionar una plantilla o tema acorde con el propósito de la exposición. Estas decisiones iniciales influyen en la estética, la legibilidad del contenido y la percepción del público. Al establecer inicialmente un formato claro y uniforme, se facilita la organización de la información y se garantiza que cada diapositiva se integre en el conjunto de la presentación.

**IMPORTANTE**

Una configuración correcta permite adaptar el diseño a los diferentes contextos, como son las proyecciones, las impresiones o los documentos compartidos en

*Continúa en página siguiente >>*

<< *Viene de página anterior*

formato digital. Ajustar los elementos de diseño como el fondo, los colores, la tipografía y la distribución del espacio ayuda a reforzar el mensaje y a mantener la atención del público.

## Elección de un diseño *(layout)*

Cada diapositiva tiene un diseño predefinido que organiza los marcadores de posición para el texto, las imágenes o los gráficos, permitiendo estructurar el contenido de manera clara y uniforme. Estos diseños incluyen, entre otros aspectos, **Título y objetos, Dos objetos, Comparación, Solo el título,** cada uno pensado para responder a las necesidades de la presentación.

Elegir el diseño correcto ayuda a mantener la coherencia visual en toda la presentación, ya que establece una estructura que facilita la comprensión del mensaje. Un diseño adecuado refuerza la jerarquía de la información, evita la saturación con los contenidos y garantiza que cada diapositiva cumpla con su propósito comunicativo específico.

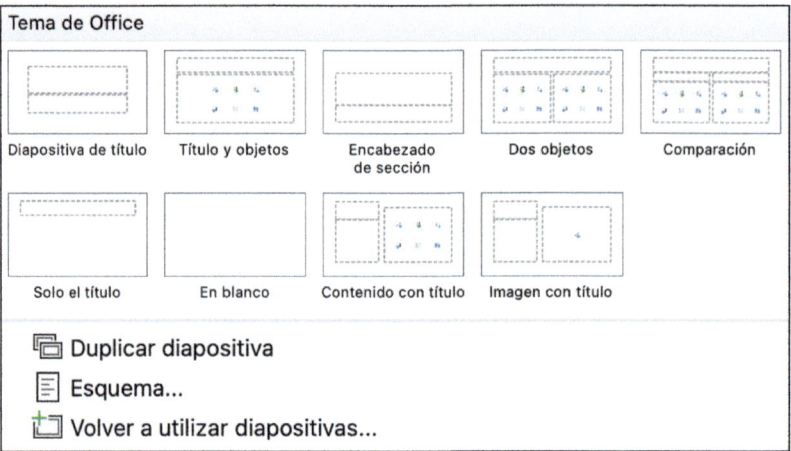

*Distintas distribuciones de contenido predeterminadas de Microsoft PowerPoint*

## Uso del Patrón de diapositivas

El **Patrón de diapositivas** es una herramienta que permite definir el formato general de toda la presentación, estableciendo elementos como el estilo de la fuente, los colores, el diseño de fondo y la posición de los títulos, textos e imágenes. Al configurar esta diapositiva, se crea una plantilla sobre la cual se construirán el resto, lo que permite mantener una estructura coherente sin necesidad de ajustar manualmente los contenidos en cada diapositiva de manera individual. También permite incluir elementos fijos como logotipos institucionales, líneas decorativas o esquemas de color que refuercen la identidad visual de la presentación.

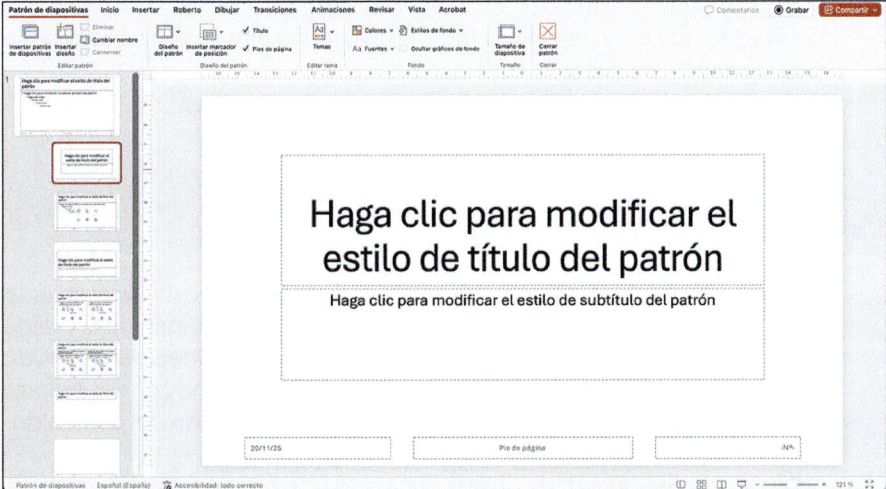

*Plantillas de contenidos dentro del patrón de dispositivas por defecto en Microsoft PowerPoint*

 **RECUERDA**

El patrón de diapositivas permite controlar el formato de los tipos de diseños predefinidos, asegurando que cada variante (como Título y contenido, Dos contenidos o Comparación) mantenga la misma línea estética, lo que garantiza la uniformidad en el diseño y mejora la eficiencia durante la edición.

## 4.3. Agregar textos, imágenes, animaciones y vídeos a las dispositivas

El contenido multimedia es clave para captar la atención de la audiencia, ya que añade dinamismo a las presentaciones. Elementos como las imágenes, los vídeos, los audios, los gráficos o las ilustraciones complementan el mensaje principal y refuerzan los conceptos que podrían resultar abstractos si se explicaran exclusivamente de manera textual.

 **SABÍAS QUE...**

El uso adecuado de contenido multimedia ayuda a mantener el interés durante toda la exposición, evitando la monotonía visual.

---

### Inserción de elementos multimedia

Los elementos multimedia permiten enriquecer las diapositivas mediante los recursos visuales y auditivos que refuerzan el mensaje principal. Desde la pestaña **Insertar,** el usuario puede añadir imágenes, vídeos, archivos de audio, capturas de pantalla, iconos o ilustraciones, cada uno con sus propias funciones específicas enfocadas en mejorar la comprensión del contenido.

Además, una vez insertados estos elementos, se pueden ajustar, recortar, organizar y personalizar permitiendo adaptar su tamaño, posición y estilo al diseño general. También es posible configurar opciones como la reproducción automática de vídeos, el inicio de un audio al pasar de diapositiva o la integración de animaciones específicas.

*Todos los elementos se insertan a través de la pestaña **Insertar.***

## Animaciones de objetos

Las **animaciones** permiten aplicar efectos visuales a los elementos de una diapositiva, como textos, imágenes, iconos, gráficos o formas, para controlar la forma en la que aparecen, desaparecen o se desplazan durante la presentación. Estos efectos ayudan a dirigir la atención del público, presentar la información de manera progresiva y crear una narrativa visual dinámica.

*Las animaciones tienen su propia pestaña en la herramienta Microsoft PowerPoint.*

Los tipos más comunes de las animaciones son:

- **Entrada:** se utiliza cuando se quiere que un objeto aparezca progresivamente en la diapositiva, empleando efectos como **Desvanecer, Barrido** u otros que aportan dinamismo y guían la atención del público. Este tipo de animación es especialmente útil para introducir, uno por uno, los puntos clave, permitiendo controlar el ritmo de la presentación, evitar la sobrecarga visual y mantener el enfoque del espectador en la información que se va revelando de forma secuenciada.
- **Énfasis:** se aplica cuando el objeto ya está presente en la diapositiva y se desea que realice una acción llamativa, como **Girar, Aumentar, Cambiar de color** u otros efectos diseñados para captar la atención sin sacarlo de la escena. Este tipo de animación es ideal para resaltar un punto importante durante la explicación, destacando la información clave en el momento preciso y ayudando a mantener el interés y la claridad del mensaje.
- **Salida:** se utiliza para hacer que un objeto desaparezca de la diapositiva, aplicando efectos como **Desaparecer, Reducir** u otros que eliminan visualmente el elemento sin interrumpir la presentación. Este tipo de animación resulta especialmente útil para limpiar la diapositiva antes de introducir el siguiente tema, evitando distracciones y permitiendo que la atención del público se centre en la información que se presentará a continuación.

## 4.4. Aplicar transiciones y animaciones a las diapositivas

Mientras que las animaciones se aplican a los elementos de manera individual dentro de una diapositiva, como textos, imágenes o gráficos, las transiciones se aplican a la diapositiva completa y determinan el efecto visual que sucede al pasar de una a otra. Estas transiciones pueden ir desde los desvanecimientos suaves hasta otros movimientos más dinámicos, permitiendo crear un ritmo visual coherente a lo largo de la presentación.

Las herramientas de presentación permiten ajustar los diferentes parámetros de las transiciones, como su duración, el tipo de efecto o si deben activarse automáticamente o mediante un clic.

## Transiciones

Las transiciones se configuran desde su propia pestaña, en la que se encuentran los distintos efectos visuales que se pueden aplicar. La elección adecuada de la transición debe centrarse en reforzar la coherencia visual y garantizar que el foco permanezca en el contenido y no en los efectos aplicados.

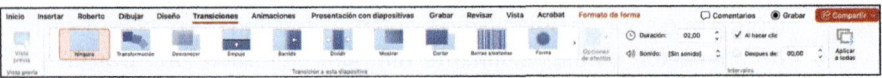

*Las transiciones, al igual que las animaciones, tienen su propia pestaña en la herramienta Microsoft PowerPoint.*

En esta misma pestaña se pueden configurar otros parámetros adicionales, como la **duración de la transición** y el modo de avance entre diapositivas, ya sea al clicar manualmente sobre la diapositiva o de forma automática tras un intervalo de tiempo determinado.

 **RECUERDA**

Con una configuración equilibrada, las transiciones aportan dinamismo sin comprometer la claridad ni la atención del público.

## Configuración de la presentación

Antes de mostrar la presentación de forma definitiva, se debe comprobar la configuración de la presentación dentro de la pestaña **Presentación con diapositivas** para revisar los distintos aspectos clave del modo de visualización. En esta pestaña es posible seleccionar si la presentación se reproducirá a pantalla completa, en una ventana o en un monitor secundario, lo que resulta especialmente útil cuando se utiliza un proyector o se trabaja con varios dispositivos.

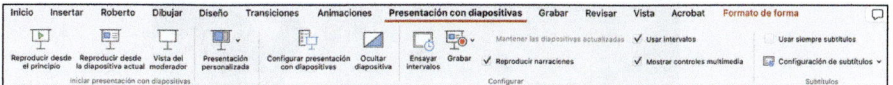

*La presentación con diapositivas es una pestaña importante en la preparación de la presentación.*

Esta pestaña incorpora la posibilidad de ajustar algunos detalles como la reproducción automática de la presentación, el avance de las diapositivas, la activación de las narraciones grabadas, el uso de punteros láser virtuales o la configuración de los intervalos ensayados.

Entre las distintas opciones, las más relevantes son:

- ➲ **Configurar:** permite definir cómo se mostrará la presentación durante la exposición, ofreciendo ajustes como proyectarla a pantalla completa, reproducirla dentro de una ventana o establecer que se repita en bucle de forma continua, ideal para ferias, mostradores informativos o presentaciones automáticas. Estos parámetros garantizan que la visualización se adapta al contexto, al equipo disponible y a las necesidades del presentador, asegurando una experiencia fluida y profesional para la audiencia.
- ➲ **Ocultar:** permite excluir temporalmente una diapositiva durante la presentación sin necesidad de eliminarla del archivo. Esta herramienta es útil cuando se desea conservar el contenido para el uso interno, para versiones futuras o como apoyo adicional, pero se prefiere saltarla durante la exposición para mantener el ritmo, adaptar el discurso al tiempo disponible o ajustar el grado de detalle según la audiencia.
- ➲ **Ensayar:** posibilita practicar la presentación mientras el programa registra el tiempo dedicado a cada diapositiva, lo que resulta útil cuando se necesita un avance automático y preciso durante la exposición. Al finalizar el ensayo, estos intervalos pueden guardarse para que la presentación se reproduzca de forma sincronizada, garantizando un ritmo uniforme y perfectamente ajustado al tiempo disponible o al formato preestablecido.

*Las presentaciones están muy presentes en los sectores educativos, sociales y empresariales.*

## 4.5. Guardado de archivos. Tipos de archivo de presentaciones (.pptx, .odp, entre otros)

Como sucede con cualquier archivo, el formato de guardado es crucial para garantizar la compatibilidad y la distribución de la presentación, ya que la extensión de guardado determina en qué dispositivos y programas podrá editarse y visualizarse la presentación correctamente. Formatos como el **.pptx** garantizan una plena compatibilidad con *Microsoft PowerPoint,* mientras que otras opciones como el **.odp** permiten trabajar con herramientas de código abierto como *LibreOffice Impress.*

## IMPORTANTE

Elegir el formato adecuado asegura que los elementos multimedia, las animaciones y las transiciones se mantengan intactas, evitando errores de visualización o pérdida de funcionalidades al compartir el archivo con otras personas.

Para distribuir la presentación de forma segura y evitar las modificaciones no deseadas, se puede exportar al formato **PDF** o como imágenes, lo que preserva su diseño y facilita su reproducción en cualquier dispositivo. También es posible compartir la presentación mediante plataformas como *Google Slides,* lo que permite la colaboración en tiempo real y garantiza que todos los participantes accedan a la versión más actualizada.

# Ejercicios de autoevaluación
# Unidad de Aprendizaje 1

1. ¿Qué elemento de la interfaz muestra la diapositiva que se está editando?

    a. La cinta de herramientas.
    b. La vista Clasificador.
    c. El área central de edición.
    d. El explorador de archivos.

2. ¿Cuál de las siguientes opciones forma parte de las funciones básicas de cualquier aplicación de presentaciones?

    a. Crear, abrir, guardar y exportar archivos.
    b. Insertar hojas de cálculo completas.
    c. Programar macros.
    d. Usar animaciones avanzadas en 3D.

3. ¿Qué vista permite ver todas las diapositivas en formato miniatura para reorganizarlas?

    a. Vista Normal.
    b. Vista Esquema.
    c. Vista Clasificador de diapositivas.
    d. Vista Notas del orador.

4. ¿Qué opción se utiliza para añadir un texto nuevo dentro de una diapositiva?

    a. Insertar→ Tabla.
    b. Diseño → Tema.
    c. Insertar → Cuadro de texto.
    d. Archivo → Guardar como.

5. ¿Qué herramienta permite insertar fotografías u otros recursos visuales desde el ordenador?

    a. Diseño → Estilos.
    **b. Insertar → Imagen.**

c. Archivo → Exportar.
d. Revisar → Comentarios.

### 6. ¿Cuál es el objetivo principal de la vista de Notas?

a. Revisar la secuencia completa de la presentación.
b. Editar el diseño de cada diapositiva.
c. Añadir recordatorios y guiones para quien expone.
d. Ver la presentación en modo pantalla completa.

### 7. ¿Qué característica distingue claramente a *Google Presentaciones*?

a. Permite mayor personalización estética que *PowerPoint*.
b. Puede funcionar sin internet sin configuración previa.
c. Guarda automáticamente en la nube cada pocos segundos.
d. Incluye herramientas avanzadas de animación profesional.

### 8. Indica si las siguientes afirmaciones son verdaderas o falsas:

a. La cinta de herramientas en *PowerPoint* organiza las funciones por pestañas como Inicio, Insertar o Diseño.

- ■ Verdadero
- ■ Falso

b. La columna lateral en la interfaz muestra miniaturas de todas las diapositivas creadas.

- ■ Verdadero
- ■ Falso

c. El área central solo sirve para visualizar la diapositiva, pero no para editar su contenido.

- ■ Verdadero
- ■ Falso

**9. Indica si las siguientes afirmaciones son verdaderas o falsas:**

a. Insertar gráficos o tablas es una función básica disponible tanto en *PowerPoint* como en *Google Presentaciones.*

- ■ Verdadero
- ■ Falso

b. Duplicar una diapositiva permite copiar su estructura y su contenido para reutilizarlos.

- ■ Verdadero
- ■ Falso

c. Exportar una presentación a PDF sirve para conservar el formato y compartirla sin que pueda modificarse fácilmente.

- ■ Verdadero
- ■ Falso

**10. Indica si las siguientes afirmaciones son verdaderas o falsas:**

a. La vista Normal es la más adecuada para editar el contenido de cada diapositiva.

- ■ Verdadero
- ■ Falso

b. La vista Clasificador de diapositivas ayuda a reorganizar la estructura general de la presentación.

- ■ Verdadero
- ■ Falso

c. La Vista Esquema permite revisar el contenido visual y las imágenes en detalle.

- ■ Verdadero
- ■ Falso

## Tipos de archivo comunes

Entre los formatos más utilizados se encuentra el **.pptx,** que es el estándar de *Microsoft PowerPoint,* que mantiene intactas las animaciones, las transiciones, los elementos multimedia y las posibilidades de edición avanzada. También es habitual el uso del formato **.odp,** compatible con las herramientas de *software* libre como *LibreOffice Impress,* que garantiza la accesibilidad en los entornos que no utilizan aplicaciones propietarias.

Además de los formatos nativos, existen otras opciones pensadas para la distribución final, como **.pdf,** que preserva la estructura visual y evita las modificaciones no deseadas, o la exportación a **vídeo,** que permite reproducir la presentación automáticamente sin depender del programa original. Otros formatos, como **.jpg** o **.png,** permiten guardar las diapositivas individuales como imágenes para usarlas en los informes o documentos complementarios.

Las extensiones más utilizadas en los archivos de presentaciones son:

- ⮑ **Pptx:** conocido como *Office Open XML Presentation,* es el estándar actual de *Microsoft PowerPoint* y permite trabajar con todas las funcionalidades del programa, incluyendo animaciones, transiciones, elementos multimedia, plantillas y diseños personalizables. Este formato está optimizado para ofrecer un rendimiento más ligero, mayor compatibilidad entre versiones y una estructura basada en archivos XML, lo que facilita su recuperación en caso de errores. Su uso principal es la edición, creación y presentación de diapositivas dentro del entorno Microsoft, así como el intercambio de presentaciones en contextos académicos, empresariales y profesionales.
- ⮑ **.odp:** denominado *OpenDocument Presentation,* es el estándar abierto utilizado por *suites* ofimáticas de código libre, como *LibreOffice Impress* o *Apache OpenOffice.* Este formato se basa en especificaciones abiertas que garantizan una alta interoperabilidad entre los distintos programas y sistemas operativos, permitiendo crear, editar y compartir presentaciones sin depender del *software* propietario. Su uso principal se orienta a los entornos que priorizan el *software* libre, la compatibilidad multiplataforma y la transparencia en los formatos de archivo.
- ⮑ **.ppsx:** conocido como *PowerPoint Show,* es un tipo de archivo diseñado para que la presentación se abra directamente en modo presentación, sin necesidad de la interfaz de edición de *PowerPoint.* Esto lo convierte en la opción ideal para distribuir presentaciones en su versión final, ya que permite una visualización inmediata, evita las modificaciones accidentales y ofrece una experiencia más fluida para el público o los destinatarios que solo necesitan reproducir el contenido.

⮑ **.mp4/.wmv:** permiten exportar una presentación como un archivo de vídeo, conservando los elementos como las transiciones, las animaciones, las narraciones y los tiempos establecidos durante el ensayo. Al convertir la presentación en un vídeo, esta puede reproducirse en prácticamente cualquier dispositivo sin necesidad de contar con un programa de edición o visualización de diapositivas. Su uso principal es la distribución en las plataformas de vídeo, pantallas informativas, redes sociales o cualquier entorno donde se requiera una reproducción autónoma y compatible con la mayoría de los reproductores multimedia.

## APLICACIÓN PRÁCTICA

**Carlos debe preparar una presentación para una reunión. Al intentar guardarla, el programa le ofrece varias extensiones y él no sabe cuál corresponde realmente a un archivo de presentación editable.**

**¿Cuál de las siguientes extensiones corresponde a un formato habitual para guardar las presentaciones?**

**a. .mp4, porque permite editar diapositivas y añadir animaciones.**
**b. .pptx, porque es el formato estándar de presentaciones editables en *Microsoft PowerPoint.***
**c. .wmv, porque es el formato por defecto para diapositivas con audio.**
**d. .jpg, porque permite incluir imágenes en cada diapositiva.**

**Solución**

La opción b) .pptx, porque es el formato estándar de presentaciones editables en *Microsoft PowerPoint.* Las extensiones más utilizadas en los archivos de presentación son:

- .pptx es el formato editable más común.
- .ppsx guarda presentaciones en modo presentación directa.
- .odp es el formato de presentaciones de *LibreOffice/OpenOffice.*

## 4.6. Impresión de una presentación

La impresión de las presentaciones se lleva a cabo, principalmente, cuando se desea crear material de apoyo destinado a la audiencia, permitiendo que los asistentes sigan el contenido, tomen notas y conserven un resumen de la exposición. Este tipo de impresión puede incluir varias diapositivas por página, distribuidas en formato de miniaturas para optimizar el espacio y facilitar la comprensión del mensaje. También puede emplearse para generar documentos de referencia que acompañen a los informes, talleres o sesiones formativas, proporcionando una versión tangible del contenido visual presentado.

Las **notas del orador** permiten al presentador disponer de una guía adicional con comentarios, recordatorios o explicaciones ampliadas que no aparecen directamente en las diapositivas. Estas notas impresas facilitan una exposición fluida y segura, especialmente en las intervenciones públicas en las que es necesario mantener un hilo conductor claro.

## Opciones de impresión

Desde este apartado es posible elegir el número de diapositivas por página, definir si se imprimen en color, en escala de grises o en blanco y negro, y seleccionar si se incluirán fondos, encabezados o pies de página. También se puede optar por imprimir únicamente algunas diapositivas específicas, lo que resulta útil cuando solo se necesita una parte del contenido para una reunión o actividad concreta.

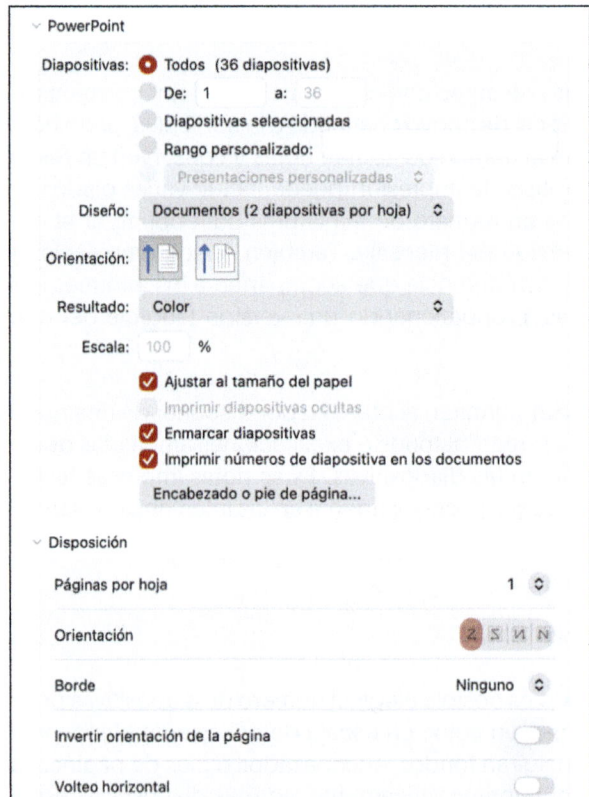

*La impresión de la presentación ayuda a que las personas accedan a los elementos más relevantes o guarden los contenidos sobre los que se ha trabajado.*

 **RECUERDA**

La configuración de la orientación, los márgenes, la calidad de la impresión y el tamaño del papel permite obtener resultados profesionales y adaptados al formato deseado.

**TAREA 3**

Trabajas en la empresa DigitalPro Comunicaciones y te han pedido que prepares la presentación para el próximo evento de la empresa. El equipo directivo quiere

*Continúa en página siguiente >>*

*<< Viene de página anterior*

que incluyas elementos multimedia para hacer el contenido más dinámico y atractivo. Ahora mismo esta tarea te coincide con otra que debes entregar en un plazo de 2 horas, motivo por el que delegas este trabajo en tu nuevo compañero, pero antes de encomendárselo quieres saber si puede hacerlo, por lo que le preguntas sobre:

* ¿Cómo crearías una nueva presentación?
* ¿Cómo harías para que en la primera diapositiva apareciera el título "Presentación Multimedia - DigitalPro"?
* ¿Cuál es el proceso para insertar en la segunda diapositiva una imagen centrada?
* ¿Cómo harías para insertar un clip de audio en la tercera diapositiva?
* Si tuvieras que insertar un vídeo en la cuarta diapositiva, ¿cuál sería el proceso?
* ¿Cómo guardarías el archivo con el nombre "Presentación Multimedia?

- - - - - - - - - - - - - - - - - - - - - - - - - - - - - - - - - - - - - - - -

# 5. Archivos con formato PDF

## ☞ HILO CONDUCTOR

Una vez que han terminado de preparar la documentación, Susana y Julen necesitan compartir los documentos y la presentación de forma segura con otros departamentos. Para garantizar que el contenido no se modifique, han decidido convertir los archivos al formato .pdf y, para evitar que se modifiquen, barajan si protegerlos con contraseñas y firmarlos de forma digital para evitar que se puedan modificar.

- - - - - - - - - - - - - - - - - - - - - - - - - - - - - - - - - - - - - - - -

Los archivos PDF se utilizan para conservar el diseño, la estructura y los elementos visuales de un documento o presentación sin riesgo de que se alteren los contenidos al abrir el archivo en diferentes dispositivos o programas. Al exportar una presentación a PDF, se garantiza que las fuentes, las imágenes, los colores, las animaciones estáticas y los diseños se mantengan exactamente igual a como fueron diseñadas, lo que lo convierte en un formato ideal para compartir, imprimir o archivar documentos, hojas de cálculo o presentaciones. Además, el formato **.pdf** es compatible con la mayoría de los sistemas operativos, navegadores y lectores digitales, lo que hace que pueda ser utilizado por cualquier usuario sin necesidad de un *software* específico.

## IMPORTANTE

Este formato es muy útil cuando se quieren evitar las modificaciones no autorizadas, ya que convierte la presentación en un documento estático que preserva el contenido original.

## 5.1. Aplicaciones y uso del formato PDF

El archivo **.pdf** (**Portable Document Format o Formato de Documento Portátil**) es un tipo de archivo desarrollado por Adobe con el propósito de mostrar los documentos independientemente del *software, hardware* o sistema operativo utilizado. Esta característica hace que sea un formato universal, ideal para compartir la información sin preocuparse por la compatibilidad entre los dispositivos o por la alteración del diseño original.

## RECUERDA

El archivo .pdf conserva la estructura completa del documento, incluyendo los textos, las imágenes, los gráficos, las tipografías y la distribución espacial, lo que facilita su uso en contextos académicos, profesionales y administrativos.

Su principal característica es la **fidelidad visual,** ya que garantiza que el documento se vea exactamente igual para todos los usuarios, sin importar el programa o el equipo con el que se abra.

## SABÍAS QUE...

Los programas de gestión y creación de los archivos .pdf ofrecen opciones avanzadas como la protección con contraseña, la restricción de la edición, la impresión o el copiado, además de permitir la incorporación de los marcadores interactivos y la inclusión de enlaces.

---

Los archivos con formato .pdf son muy utilizados en los procesos en los que es necesaria una capa adicional de **seguridad o control del contenido,** gracias a funciones como la protección con contraseña, la restricción de edición o la firma digital.

## 5.2. Herramientas gratuitas y de pago para la lectura de documentos en formato PDF

Para visualizar un archivo .pdf, se requiere de un lector o un visor de archivos .pdf, es decir, un programa que sea capaz de interpretar este formato y mostrar fielmente su contenido. Estos visores permiten abrir los documentos sin alterar su diseño original, mostrando los textos, las imágenes, los gráficos y los enlaces iguales a como los creó el editor. Gracias a su amplia compatibilidad, los lectores de PDF funcionan en prácticamente cualquier dispositivo, desde ordenadores y tabletas hasta teléfonos móviles, garantizando un acceso cómodo y universal a la información.

### Herramientas gratuitas

La mayoría de los navegadores web modernos, como *Google Chrome, Firefox* o *Microsoft Edge,* incluyen visores de PDF integrados que permiten abrir, leer, buscar dentro del documento o incluso imprimirlos sin necesidad de instalar aplicaciones adicionales. Estas funciones básicas resultan suficientes para una lectura rápida o para la consulta de los documentos, ya que ofrecen una carga ágil y una interfaz limpia directamente desde el navegador. Su disponibilidad inmediata los convierte en una opción práctica para los usuarios que solo necesitan visualizar los archivos sin realizar modificaciones en estos.

Aunque un navegador puede ser suficiente para acceder al contenido, existen otras herramientas específicas que ofrecen un amplio conjunto de herramientas en el caso de que se necesite trabajar con estos documentos. Estos programas permiten anotar, editar texto e imágenes, firmar digitalmente el documento, combinar o dividir los archivos, convertir a distintos formatos o aplicar medidas de seguridad.

 **SABÍAS QUE...**

Las herramientas de trabajo con los archivos .pdf incluyen funciones específicas como el reconocimiento de texto, imágenes o archivos escaneados (OCR).

Entre las herramientas gratuitas más utilizadas se encuentran:

- **Adobe Acrobat Reader:** es el visor de archivos .pdf más utilizado a nivel mundial y está disponible para *Windows, macOS* y dispositivos móviles. Permite abrir, visualizar, comentar, firmar digitalmente e imprimir archivos PDF de manera sencilla y fiable, ofreciendo una experiencia estable y compatible con la mayoría de los documentos creados en este formato.

  - **Ventajas:** es una herramienta muy conocida, con amplio soporte, actualizaciones frecuentes y gran compatibilidad con cualquier archivo PDF.
  - **Inconvenientes:** muchas funciones avanzadas están restringidas a la versión de pago *(Acrobat Pro)*, lo que limita su uso si se quiere trabajar con el archivo .pdf.

- ***Foxit PDF Reader:*** es un visor de archivos .pdf ligero y rápido, disponible para *Windows, macOS, Linux* y dispositivos móviles, que permite abrir, leer, anotar, firmar y rellenar formularios PDF con gran eficiencia. Se caracteriza por consumir pocos recursos y ofrecer un rendimiento ágil, incluso con los documentos pesados.

  - **Ventajas:** interfaz intuitiva, su velocidad, las múltiples herramientas de anotación, las funciones de seguridad avanzadas y una buena compatibilidad con los estándares PDF.
  - **Inconvenientes:** algunas funciones profesionales requieren la versión Foxit PDF Editor, que es de pago.

- ***Sumatra PDF:*** es un visor de documentos ligero, rápido y minimalista disponible para Windows. Su enfoque principal es la velocidad y la simplicidad, que permite abrir y leer PDF, *eBooks* (ePub, Mobi), cómics

(CBR, CBZ) y otros formatos sin sobrecargar el sistema ni incluir funciones innecesarias.

- ☹ **Ventajas:** ocupa muy poco espacio, se ejecuta con rapidez, es portable (puede usarse sin instalar), tiene una interfaz limpia y es ideal para equipos con pocos recursos.
- ☹ **Inconvenientes:** carece de herramientas avanzadas, por lo que está orientado únicamente a la lectura de documentos.

## Herramientas de pago

Existen aplicaciones de pago, como *Adobe Acrobat Pro* o *Foxit PhantomPDF*, que permiten la edición completa del contenido de un archivo PDF, ofreciendo herramientas avanzadas para modificar el texto, las imágenes, los enlaces y el resto de los elementos del documento. Estas aplicaciones facilitan la reorganización de las páginas, permitiendo mover, extraer, rotar o combinar las secciones. Además, incluyen funciones profesionales de reconocimiento óptico de caracteres (OCR), muy útiles para convertir los documentos escaneados en documentos editables.

 **SABÍAS QUE...**

Los programas de pago resultan esenciales en los entornos profesionales en los que se requiere de un alto nivel de control y personalización.

Estas herramientas ofrecen opciones para la creación de formularios interactivos, mediante el empleo de campos de texto, botones, listas desplegables y validaciones automáticas.

Entre las herramientas de pago más utilizadas se encuentran:

- ⊃ **PDF Reader Pro:** es una aplicación completa para trabajar con documentos PDF, disponible para *Windows, macOS, iOS* y *Android,* que ofrece una amplia variedad de herramientas para leer, anotar, editar, firmar, convertir y organizar PDF. Se presenta como una alternativa potente y económica frente a las soluciones tradicionales como *Adobe Acrobat*.

  - ☹ **Ventajas:** incluye funciones avanzadas como la edición de textos e imágenes, OCR para reconocer texto en imágenes, combinación y división de archivos, conversión entre múltiples formatos y herramientas de seguridad como protección con contraseña o firmas digitales. Su interfaz es intuitiva y está optimizada para uso profesional.

◑ **Inconvenientes:** algunas funciones avanzadas requieren la versión de pago e incluye menos integraciones empresariales que otras soluciones más conocidas.

⮒ *PDF Expert:* es una aplicación de gestión de PDF desarrollada por Readdle, disponible principalmente para el ecosistema Apple *(macOS, iPadOS* e *iOS)*. Destaca por su diseño limpio, su fluidez y su enfoque en la lectura, anotación y edición intuitiva de documentos, siendo una de las opciones más valoradas por usuarios que trabajan en entornos Apple.

◑ **Ventajas:** interfaz moderna y fácil de usar, excelente rendimiento, potentes herramientas de anotación, edición de texto e imágenes, fusión y división de PDF, relleno de formularios y firma digital. Además, permite la sincronización con iCloud y con otros servicios en la nube.
◑ **Inconvenientes:** no está disponible para *Windows* o *Android,* y algunas funciones avanzadas requieren la **versión de pago.**

⮒ *Adobe Acrobat Pro:* es la versión profesional y completa de las herramientas PDF de Adobe, disponible para *Windows* y *macOS*. Está diseñada para los usuarios que necesitan crear, editar, convertir, organizar, proteger y firmar los documentos PDF con un nivel avanzado de control y precisión. Se utiliza ampliamente en entornos profesionales, administrativos, legales y educativos.

◑ **Ventajas:** ofrece la edición avanzada de textos e imágenes, creación de PDF desde cualquier formato, OCR para convertir documentos escaneados en texto editable, comparación de documentos, redacción de información sensible, firmas digitales certificadas y potentes funciones de seguridad. También permite colaborar en línea y compartir revisiones con otros usuarios.
◑ **Inconvenientes:** su coste es elevado en comparación con otros programas PDF; además, consume más recursos del sistema y puede resultar excesivo para usuarios que solo necesitan visualizar o realizar tareas básicas con documentos PDF.

**ACTIVIDAD COMPLEMENTARIA**

3. Señala tres ventajas y tres inconvenientes de las herramientas PDF gratuitas y de pago, centrándote en los aspectos de funcionalidad, limitaciones, soporte, seguridad y coste.
A la hora de seleccionar una herramienta, gratuita o de pago, ¿qué factor crees que es más relevante para elegirla? ¿Por qué?

## 5.3. Descarga y cumplimentación de formularios en formato PDF

Un uso habitual de los archivos .pdf es la creación de formularios interactivos, que permiten a los usuarios introducir la información directamente en el documento gracias al uso de los campos editables. Estos formularios pueden incluir cuadros de texto, casillas de verificación, botones de opción, listas desplegables y áreas para firmas digitales. Gracias a estas funciones, los formularios resultan especialmente útiles en los procesos administrativos, encuestas, registros, solicitudes y cualquier otro trámite que requiera la recopilación de los datos de manera estructurada y profesional. Gracias a la compatibilidad con múltiples dispositivos y programas, facilita que se puedan cumplimentar sin necesidad de imprimirlos.

| DATOS PROFESIONALES | |
|---|---|
| NOMBRE EMPRESA (razón social) | |
| NIF EMPRESA | |
| ACTIVIDAD DE LA EMPRESA: | MARCAR UNO ▼ |
| TAMAÑO EMPRESA: | MARCAR UNO ▼ |
| PROVINCIA (empresa) | ▼ |
| CC. AA. (empresa) | ▼ |
| ANTIGÜEDAD DE LA EMPRESA: | MARCAR UNO ▼ |
| FACTURACIÓN ÚLTIMO AÑO: | MARCAR UNO ▼ |
| ÁMBITO RURAL (si el centro de trabajo se sitúa en un municipio de menos de 5.000 habitantes) | SI ○   NO ⦿ |
| EMPRESA CON POLÍTICAS DE SOSTENIBILIDAD | SI ⦿   NO ○ |
| EMPRESA CON POLÍTICAS O PLANES DE TRANSFORMACIÓN DIGITAL | SI ⦿   NO ○ |
| LA MÁXIMA RESPONSABLE DE LA EMPRESA O MÁS DEL 50 % DEL EQUIPO DIRECTIVO ES MUJER | SI ○   NO ⦿ |
| PORCENTAJE DE MUJERES CON RELACIÓN LABORAL CON LA EMPRESA | MARCAR UNO ▼ |

*Los formularios en formato .pdf son los más utilizados, ya que garantizan que no se producirán cambios en los campos de este.*

## Descarga y apertura de los formularios .pdf

Para garantizar la correcta cumplimentación de un formulario .pdf, es fundamental descargar el archivo y abrirlo con un lector de PDF. Estos programas están diseñados para interpretar adecuadamente los elementos interactivos del documento, incluidos los campos de texto, las casillas de verificación, las listas desplegables y los botones de envío. Al utilizar un lector especializado, se asegura que el formulario funcione de la manera en la que fue diseñado, evitando errores en la introducción o en la validación de los datos que contenga el documento.

Rellenar un documento .pdf directamente desde el navegador puede resultar poco fiable, ya que muchos visores integrados no soportan las funciones avanzadas de los formularios. Esto puede provocar que los datos no se guarden correctamente, que algunos campos no se visualicen o que la información se pierda al cerrar el archivo. Por ello, descargar el documento y cumplimentarlo en una herramienta específica de gestión de los documentos .pdf, además de garantizar la integridad del formulario, también evita los contratiempos y asegura que la información introducida se almacene de manera segura y precisa.

Los campos más habituales que se pueden encontrar en un formulario .pdf son:

- **Campos de texto:** son los elementos interactivos que permiten al usuario introducir información personalizada, como nombres, direcciones, fechas, números de identificación u otros datos requeridos en un formulario digital. Estos campos son esenciales para recopilar la información de manera organizada y precisa, ya que pueden configurarse con formatos específicos, restricciones de entrada y etiquetas descriptivas que guían al usuario.
- **Casillas y botones:** son elementos interactivos utilizados para seleccionar las opciones dentro de un formulario. Las casillas de verificación permiten marcar una o varias opciones simultáneamente, siendo ideales para preguntas con respuestas múltiples o para confirmar acuerdos. Por su parte, los botones de opción permiten elegir solo una alternativa dentro de un grupo, garantizando que el usuario seleccione la opción más adecuada entre varias posibilidades.
- **Listas desplegables:** son elementos interactivos que permiten al usuario seleccionar un valor de un conjunto de opciones predefinidas, mostrando inicialmente solo la opción elegida para mantener el formulario ordenado y compacto. Al desplegarse, ofrecen todas las alternativas disponibles, lo que evita errores de entrada y agiliza la selección.

## 5.4. Uso de funciones básicas: conversión de archivos de procesador de texto a PDF, firmar con certificado digital, entre otros

El formato de los documentos .pdf se integra con otras herramientas ofimáticas mediante las funciones de conversión de los archivos, que permiten transformarlos en archivos .pdf manteniendo su estructura y diseño original. Esta interoperabilidad facilita el intercambio de información entre los distintos programas y garantiza que el documento final pueda visualizarse correctamente en cualquier dispositivo.

### Conversión de archivos de texto a .pdf

La **conversión de los archivos de texto a archivos .pdf** es una función muy utilizada en el ámbito ofimático, ya que permite transformar los documentos editables en un formato fijo que preserva su diseño original. Esta conversión garantiza que la distribución del texto, las imágenes, los márgenes, las fuentes y el resto de los elementos visuales se mantienen intactos sin importar el dispositivo o el programa con el que se abra el documento.

 **RECUERDA**

El formato .pdf es la mejor opción para compartir versiones finales, presentar trabajos académicos o enviar documentos oficiales sin riesgo de que el contenido sufra alteraciones.

- - - - - - - - - - - - - - - - - - - - - - - - - - - - - - - - - - - - - - - - -

Los procesadores de texto actuales como **Microsoft Word, Google Docs** o **LibreOffice Writer** incluyen opciones para exportar o guardar como PDF los documentos directamente, lo que facilita el proceso sin necesidad de uso de herramientas externas.

La forma más sencilla y común de crear un PDF desde un documento de texto es:

⊃ **Guardar como:** permite convertir un archivo a distintos formatos, y en la mayoría de los programas ofimáticos incluye la posibilidad de guardar o exportar el documento directamente al formato PDF. Esta función es muy útil para generar versiones finales, proteger el contenido frente a ediciones no deseadas y asegurar la compatibilidad del archivo en los diferentes dispositivos y sistemas operativos. Además, suele ofrecer configuraciones adicionales, como ajustar la calidad del PDF o seleccionar páginas específicas para exportar.

⊃ **Imprimir a PDF:** utiliza una impresora virtual integrada en el sistema operativo o en el *software* ofimático, como **Microsoft Print to PDF** o **Guardar como PDF,** para generar un archivo PDF a partir de cualquier documento imprimible. Al seleccionar esta impresora especial, el programa simula una impresión, pero en lugar de enviar el contenido a una impresora física, lo convierte en un archivo PDF. Este método es especialmente útil cuando una aplicación no incluye la función de exportación directa, ya que garantiza una salida fiel al diseño original y compatible con prácticamente cualquier dispositivo.

*La extensión .pdf corresponde con el acrónimo de Portable Document Format*

## 5.5. Guardado de archivos

El guardado de los archivos .pdf es un proceso centrado en conservar la estructura, el diseño y la integridad del documento en un formato compatible universalmente. Al guardar un archivo como .pdf, se fija el contenido, tal como se muestra en la pantalla del ordenador, preservando las fuentes, las imágenes, los colores, los márgenes y el resto de los elementos gráficos sin riesgo de que se altere su distribución en otros dispositivos o programas.

## RECUERDA

La estabilidad visual de los documentos .pdf los ha convertido en el formato adecuado para para distribuir documentos finales, enviarlos por correo electrónico, publicarlos en línea o archivarlos con fines administrativos o legales.

- - - - - - - - - - - - - - - - - - - - - - - - - - - - - - - - - - - - - - - -

Al guardar un documento con formato .pdf se pueden aplicar configuraciones adicionales que mejoren la seguridad y la funcionalidad del archivo, como la protección con contraseña, la restricción de los permisos, de edición o impresión, y la incorporación de firmas digitales. También es posible optimizar el tamaño del documento para facilitar su envío o almacenamiento, o incluir marcadores y etiquetas para mejorar la navegación por él.

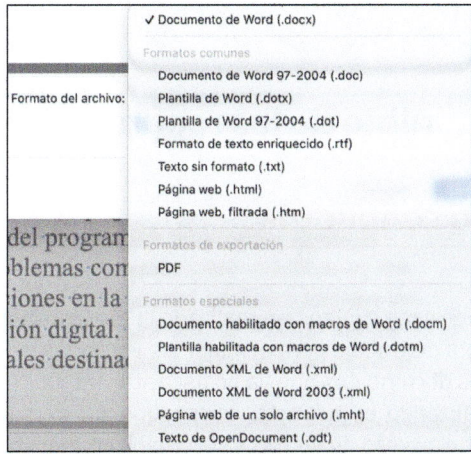

*Los documentos se pueden guardar en distintos formatos.*

## 5.6. Impresión de un documento

La impresión de un documento con formato .pdf es directa debido a su formato fijo, lo que significa que el documento mantiene su diseño, tipografías y distribución exactamente como fueron creados, sin depender del programa o dispositivo desde el cual se imprime. Esta estabilidad visual evita problemas comunes como los cambios en los márgenes, los desplazamientos de las imágenes o las variaciones en la fuente, garantizando que el resultado en papel coincide fielmente con la versión digital.

Los visores de los documentos .pdf suelen incorporar opciones específicas para ajustar la calidad de la impresión, seleccionar páginas concretas que imprimir, imprimir en escala de grises o mantener las proporciones originales o adaptarlas al tamaño del papel en el que se va a llevar a cabo la impresión.

 **TAREA 4**

En la empresa DigitalPro Comunicaciones, te han pedido que le envíes un documento final a un proveedor externo. Para asegurar que el formato no se altera al abrirlo en otros dispositivos, debes convertir tu archivo a PDF.

¿Cuál sería el proceso que deberías seguir para convertir el archivo original en otro con formato .pdf?

---

## 6. Uso sostenible de los recursos digitales

 **HILO CONDUCTOR**

Una vez que Susana y Julen han realizado la presentación, es momento de limpiar la carpeta de trabajo para eliminar las versiones duplicadas, las imágenes pesadas y los documentos que ya no necesitan. Ambos han notado que cuando estaban finalizando el proyecto, el rendimiento de sus equipos se ha visto afectado por el exceso de archivos sin organizar, motivo por el cual ambos han decidido gestionar la información de manera eficiente a partir de este momento.

---

El uso sostenible de los recursos digitales implica adoptar buenas prácticas que reduzcan el consumo innecesario de energía y prolonguen la vida útil de los dispositivos. Esto incluye optimizar el almacenamiento mediante la eliminación de los archivos duplicados o innecesarios, utilizar servicios en la nube de forma responsable y ajustar algunas configuraciones como el brillo de la pantalla, el modo ahorro de energía o el apagado automático. También supone priorizar el uso de herramientas eficientes, evitar las descargas masivas de archivos que no se utilizan y mantener los equipos actualizados para mejorar su rendimiento y reducir el gasto energético asociado a los procesos ineficientes.

La sostenibilidad digital abarca también la toma de decisiones conscientes sobre el ciclo de vida de los dispositivos tecnológicos. Esto implica fomentar la reparación frente al reemplazo inmediato, reciclar los equipos electrónicos y elegir elementos de *hardware* con certificado de eficiencia energética. Es importante promover un uso responsable del correo electrónico, evitando el envío de archivos pesados o innecesarios y gestionando adecuadamente las copias de seguridad. Adoptar estas prácticas ayuda a reducir la huella digital, a optimizar el consumo de los recursos y a avanzar hacia un entorno tecnológico más responsable y respetuoso con el medioambiente.

 ## ACTIVIDAD COMPLEMENTARIA

4. Destaca tres ideas clave sobre el movimiento Right to Repair Europe, basándote en la información disponible en la plataforma oficial. ¿Piensas que ampliar el derecho a reparar, garantizando el acceso a los repuestos, manuales e información técnica por parte de los fabricantes, puede marcar una diferencia real para los consumidores y para la sostenibilidad ambiental en Europa? Explica por qué.

La sostenibilidad digital se refiere a la práctica de utilizar la tecnología de la información de manera eficiente y responsable, con el objetivo de reducir su impacto ambiental y social. Esto implica reconocer que cada acción digital, desde enviar un correo hasta almacenar los archivos en la nube, lleva implícito un consumo de energía y recursos, por lo que es necesario adoptar hábitos que reduzcan el uso innecesario de los datos y optimicen el rendimiento de los dispositivos.

 ## SABÍAS QUE...

La sostenibilidad digital promueve una mayor conciencia sobre cómo las decisiones tecnológicas afectan al entorno, fomentando un uso más equilibrado e inteligente de la infraestructura digital.

En el contexto de la ofimática, la sostenibilidad digital implica tomar decisiones conscientes sobre la manera en la que creamos, almacenamos y gestionamos los archivos. Esto incluye evitar duplicidades, comprimir los documentos cuando sea posible, utilizar formatos eficientes, organizar el almacenamiento para reducir el espacio utilizado y eliminar contenido obsoleto o que ya no se utilice. También supone aprovechar las herramientas colaborativas que minimicen la necesidad de imprimir, así se contribuirá a lograr un entorno de trabajo responsable, eficiente y alineado con los objetivos de sostenibilidad.

### NOTA

La Directiva Europea (UE) 2024/1799 del Parlamento Europeo y del Consejo de 13 de junio de 2024 establece las normas comunes para promover la reparación de los bienes.

## 6.1. Optimización de archivos

Los archivos ofimáticos (documentos, hojas de cálculo y presentaciones) pueden alcanzar tamaños excesivamente grandes debido a la inclusión de imágenes, gráficos, vídeos, tipografías incrustadas o múltiples hojas y diapositivas. A medida que estos archivos crecen, requieren de una cantidad mayor de espacio de almacenamiento tanto en los dispositivos locales como en los servicios en la nube. Este aumento de tamaño, además de afectar a la velocidad de carga y descarga, también incrementa el consumo de los recursos digitales, dificultando el trabajo colaborativo o la transferencia de información de manera eficiente.

El almacenamiento masivo de los archivos de gran tamaño implica una mayor demanda energética de los centros de datos, ya que estos deben mantener los servidores y los sistemas de refrigeración en funcionamiento continuo y para garantizar su rendimiento. Globalmente, esta necesidad energética contribuye a aumentar la huella ambiental de las infraestructuras tecnológicas. Por ello, optimizar el tamaño de los archivos, mediante la compresión de las imágenes, el uso de formatos eficientes o la eliminación de los elementos innecesarios, es una práctica clave dentro de la sostenibilidad digital, ya que reduce el consumo energético y mejora la eficiencia en la gestión documental.

Entre las prácticas sostenibles más recomendadas se encuentran:

- **Compresión de imágenes:** consiste en reducir el tamaño de los archivos gráficos insertados en documentos o presentaciones, manteniendo una calidad visual adecuada para su lectura o proyección. Esta práctica permite optimizar el rendimiento del archivo, logrando documentos más ligeros, fáciles de compartir y más rápidos de cargar. Desde una perspectiva sostenible, reduce las necesidades de almacenamiento y el uso de los recursos digitales, lo que contribuye a un menor impacto energético.
- **Uso de formatos eficientes:** implica optar por archivos como .docx o .pptx, que están basados en XML, y que utilizan la compresión integrada ofreciendo mayor compatibilidad y estabilidad que los formatos antiguos como .doc o .ppt. Estos formatos reducen el tamaño del archivo, mejoran el rendimiento en la apertura y en la edición, facilitan la recuperación en caso de error y permiten integrar las funciones avanzadas.
- **Eliminación de datos innecesarios:** consiste en borrar aquellos elementos que han dejado de aportar valor al documento antes de generar la versión final, como las diapositivas ocultas, los datos de hojas de cálculo que no se utilizan, comentarios obsoletos o contenido residual que permanece del proceso de edición. Esta práctica mejora la claridad y la profesionalidad del archivo, reduce su tamaño y evita compartir información accidental o irrelevante.
- **Almacenamiento en la nube:** consiste en guardar los documentos y los archivos en los servidores remotos gestionados por los proveedores especializados, en lugar de almacenarlos exclusivamente en los dispositivos locales. Estos servicios suelen operar en infraestructuras optimizadas y energéticamente eficientes, lo que puede reducir el consumo energético hasta en un 90 % en comparación con los centros de datos tradicionales.

## 6.2. Gestión de la basura digital

La **basura digital o *e-waste*** se refiere a los residuos físicos, como ordenadores, móviles o periféricos desechados, y a los datos, documentos y archivos innecesarios que se acumulan en los dispositivos y en los servidores. Estos elementos digitales ocupan espacio de almacenamiento y obligan a los sistemas a mantenerlos activos, lo que implica un consumo energético constante incluso cuando no se utilizan. Esta acumulación silenciosa aumenta la demanda de las infraestructuras tecnológicas, elevando el uso de la cantidad de servidores, el almacenamiento en la nube y de los sistemas de respaldo que necesitan energía para funcionar y refrigerarse.

La basura digital puede ralentizar los equipos, dificultar la organización del trabajo y sobrecargar las plataformas de almacenamiento corporativas o personales. Desde una perspectiva medioambiental, el mantenimiento de datos inútiles aumenta la huella de carbono, ya que los centros de datos deben operar de manera continua para conservar información que en muchos casos ya no tiene valor.

## IMPORTANTE

Eliminar documentos obsoletos, archivos duplicados y gestionar adecuadamente el almacenamiento es una buena práctica fundamental dentro de la sostenibilidad digital, promoviendo un uso eficiente y responsable de los recursos tecnológicos.

- - - - - - - - - - - - - - - - - - - - - - - - - - - - - - - - - - - - - - - -

## Estrategias de limpieza digital

Las estrategias de limpieza digital son fundamentales para reducir la acumulación de archivos innecesarios y optimizar el uso de los recursos tecnológicos, contribuyendo a una mayor sostenibilidad digital. Estas prácticas incluyen la revisión periódica de las carpetas de trabajo, identificar los documentos obsoletos y eliminar las versiones duplicadas que ya no aportan valor. También es recomendable organizar los archivos, utilizando nombres descriptivos y clasificándolos en carpetas temáticas para facilitar su localización y evitar la generación de copias redundantes. Esta gestión ordenada, además de mejorar la eficiencia del usuario, también disminuye el espacio requerido tanto en los dispositivos locales como en los servicios de almacenamiento en la nube.

La limpieza digital también debe incluir la depuración de las bandejas de correo electrónico, la eliminación de las aplicaciones que no se utilizan y la revisión periódica de las copias de seguridad para evitar respaldar archivos irrelevantes.

## RECUERDA

La limpieza digital implica optimizar el tamaño de los archivos mediante la compresión de las imágenes, el uso de formatos eficientes y la reducción de los elementos innecesarios que aumentan el peso del documento.

- - - - - - - - - - - - - - - - - - - - - - - - - - - - - - - - - - - - - - - -

## APLICACIÓN PRÁCTICA

**Marta trabaja en un despacho en que es habitual el envío de informes pesados a sus clientes. Ha observado que el ordenador funciona cada día más lento y que la carpeta compartida está llena casi siempre. Su supervisor le pide que optimice el almacenamiento para mejorar la eficiencia del equipo.**

**¿Cuál de las siguientes opciones corresponde a una práctica sostenible recomendada?**

a. **Copiar los archivos varias veces en diferentes carpetas para mantener más copias de seguridad.**
b. **Dejar todas las imágenes en máxima resolución aunque el documento final no lo necesite.**
c. **Utilizar formatos más ligeros, comprimir imágenes y eliminar datos innecesarios antes de almacenar el archivo.**
d. **Guardar todos los archivos únicamente en el escritorio para localizarlos con mayor rapidez.**

**Solución**

La opción c) Utilizar formatos más ligeros, comprimir imágenes y eliminar datos innecesarios antes de almacenar el archivo. Las prácticas sostenibles recomendadas incluyen comprimir las imágenes, usar formatos eficientes, eliminar la información que no se necesita y usar almacenamiento en la nube cuando sea apropiado. Estas medidas optimizan el rendimiento del sistema, reducen el consumo de energía y evitan el uso excesivo del espacio de almacenamiento.

- - - - - - - - - - - - - - - - - - - - - - - - - - - - - - - - - - - - - - - -

## 6.3. Ahorro energético y uso responsable de los recursos digitales

El uso de dispositivos digitales contribuye de manera significativa al consumo energético global, ya que cada equipo requiere, tanto para su funcionamiento como para la carga de sus baterías, del suministro eléctrico. Las actividades cotidianas como navegar por internet, realizar videollamadas, almacenar datos en la nube o reproducir contenidos multimedia dependen de las infraestructuras tecnológicas que operan de forma continua.

Adoptar hábitos responsables puede mitigar este impacto, promoviendo un uso más eficiente y sostenible de la tecnología. Entre estos hábitos se incluyen activar los modos de ahorro de energía, reducir el brillo de la pantalla, cerrar aplicaciones que no se utilizan y prolongar la vida útil de los dispositivos mediante un mantenimiento adecuado. Al aplicar estas prácticas, no solo se reduce el consumo energético individual, sino que también se contribuye a disminuir la huella ambiental asociada al ecosistema digital.

 **RECUERDA**

Centros de datos, redes de telecomunicaciones y servidores trabajan las 24 horas del día, lo que incrementa la demanda energética y el impacto ambiental asociado a su funcionamiento.

### Hábitos de ahorro energético

Los hábitos de ahorro energético ayudan a reducir el consumo innecesario de electricidad en los dispositivos digitales, prolongando su vida útil y minimizando el impacto ambiental asociado a su uso. Entre las acciones más efectivas se encuentran ajustar el brillo de la pantalla, activar los modos de ahorro de energía, cerrar las aplicaciones que no se utilizan y desconectar los cargadores o los periféricos cuando no sean necesarios. También es recomendable configurar el apagado automático del equipo tras largos periodos de inactividad y mantener los dispositivos actualizados, ya que las versiones más recientes optimizan el rendimiento y reducen el gasto energético.

Evitar dejar los equipos encendidos durante largos periodos, utilizar regletas con interruptor para cortar completamente el suministro eléctrico y optar por dispositivos con certificaciones de eficiencia energética contribuye a un consumo más responsable. Estas prácticas no solo disminuyen la huella ambiental vinculada al uso de la tecnología, sino que también representan un ahorro económico. Integrar estos hábitos en el día a día favorece un entorno digital sostenible y consciente con el impacto que generan las actividades tecnológicas.

 **RECUERDA**

Centros de datos, redes de telecomunicaciones y servidores trabajan las 24 horas del día, lo que incrementa la demanda energética y el impacto ambiental asociado a su funcionamiento.

## 6.4. Impresión de documentos y consumo de papel

La impresión es un elemento crítico en el uso sostenible de la ofimática, ya que implica el consumo de papel, tinta y energía, recursos que tienen un impacto ambiental considerable. Cada impresión requiere la tala de árboles para la producción de papel, el uso de tintas que pueden contener componentes contaminantes y el funcionamiento de impresoras que consumen electricidad. Por ello, imprimir sin un criterio claro puede aumentar innecesariamente el uso de materiales y aumentar la huella ecológica derivada de las actividades cotidianas en las oficinas, centros educativos y hogares.

Adoptar prácticas responsables durante la impresión permite reducir significativamente este impacto. Entre las estrategias más efectivas se encuentra imprimir solo cuando sea estrictamente necesario, utilizar impresiones a doble cara, emplear borradores para pruebas internas y optar por tintas y papeles reciclados o certificados. También es útil revisar la vista previa antes de enviar a imprimir el documento para evitar los errores que obliguen a repetir el proceso. Estas acciones ayudan a disminuir el consumo de recursos y fomentan una cultura de trabajo consciente, eficiente y alineada con los principios de sostenibilidad digital y ambiental.

### La tendencia *paperless*

La tendencia *paperless* (sin papel) busca la digitalización de los procesos y los documentos con el objetivo de reducir al máximo el consumo de papel y los recursos asociados a su producción. Esta filosofía promueve el uso de herramientas digitales para crear, compartir, almacenar y firmar documentos de manera electrónica, eliminando la necesidad de imprimir y archivar los archivos de información en formato físico. Al adoptar este enfoque, las empresas y los particulares pueden optimizar sus flujos de trabajo, agilizar la gestión documental y disminuir los costes asociados al uso de papel, tinta y almacenamiento físico.

La transición hacia entornos *paperless* influye directamente sobre la sostenibilidad ambiental, ya que reduce la tala de árboles, el consumo de energía en la fabricación de papel y la generación de residuos. Además, mejora la accesibilidad y la seguridad de la información, ya que los documentos digitales pueden almacenarse en la nube, protegerse mediante contraseñas y recuperarse fácilmente en caso de pérdida o daño. Implementar las prácticas sin papel no solo favorece la eficiencia y la modernización de los procesos, sino que también impulsa una cultura organizativa más responsable y comprometida con la conservación del medioambiente.

*Un entorno paperless impacta directamente sobre la economía empresarial y favorece el ritmo de trabajo cuando se trata de almacenar y buscar la documentación.*

## Consejos para una impresión sostenible

Hay veces en las que la impresión es inevitable, motivo por el que se deben aplicar prácticas que reduzcan al máximo el impacto ambiental asociado al uso de papel, tinta y energía. Una de las más habituales es optar por la **impresión a doble cara,** que permite disminuir a la mitad el consumo de hojas sin afectar a la calidad del documento. Otra opción útil es imprimir en **modo borrador** cuando se trata de revisiones internas, lo que reduce la cantidad de tinta utilizada.

## RECUERDA

Seleccionar únicamente las páginas necesarias y revisar la vista previa antes de imprimir ayuda a evitar las impresiones innecesarias o duplicadas.

- - - - - - - - - - - - - - - - - - - - - - - - - - - - - - - - - - - - - - - - -

Otra práctica sostenible consiste en utilizar **papel reciclado o con certificación ambiental,** lo que contribuye a disminuir la demanda de los recursos naturales. No hay que olvidarse de mantener las impresoras en buen estado, ya que un equipo calibrado correctamente consume menos energía y menos tinta.

## TAREA 5

En la empresa EcoData Solutions, han detectado un aumento del consumo energético derivado del uso intensivo de los equipos informáticos y de la cantidad de espacio necesario en la nube en la que almacenan los datos. Por ello os han pedido que realicéis un análisis de vuestros hábitos digitales, para lo que debéis responder a un cuestionario con las siguientes preguntas:

¿Qué ajustes puedes optimizar para reducir el consumo energético de tus equipos informáticos?

Identifica tres acciones de limpieza digital que puedas llevar a cabo en tu equipo informático.

¿Con qué prácticas crees que puedes disminuir el gasto energético asociado a los equipos informáticos?

¿Qué dispositivos crees que pueden apagarse o desconectarse cuando no están en uso?

¿Qué medida propondrías para fomentar el uso responsable de los recursos digitales entre el resto de los empleados?

- - - - - - - - - - - - - - - - - - - - - - - - - - - - - - - - - - - - - - - - -

# 7. Resumen

Los procesadores de texto permiten redactar, estructurar y formatear los documentos mediante las herramientas de estilos, revisión y diseño que facilitan la creación de materiales coherentes y profesionales. La configuración inicial, márgenes, orientación, espaciado y tipografía, garantiza una presentación adecuada. Además, las herramientas de revisión ortográfica y gramatical, junto con otras funciones como el control de cambios y los comentarios, mejoran la calidad del texto y favorecen el trabajo colaborativo.

La inserción de tablas, gráficos e imágenes aporta claridad y facilita la interpretación de la información, mientras que los encabezados, los pies de página, la numeración y las notas al pie permiten organizar documentos extensos y mantener un estilo formal. Gracias al guardado regular, a la elección del formato adecuado y a la revisión usando la vista previa, se aseguran versiones actualizadas y una impresión libre de errores.

Las barras de herramientas son muy similares en todas las aplicaciones, independientemente de la herramienta de procesamiento de textos que se utilice.

Las pestañas más habituales que se pueden encontrar son:

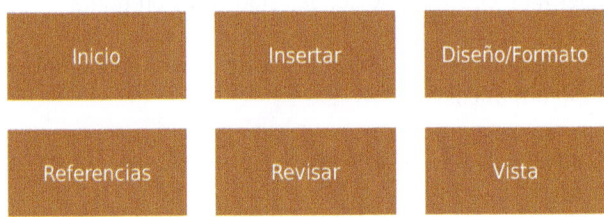

Las hojas de cálculo permiten organizar y analizar grandes volúmenes de datos gracias a su estructura en filas y columnas que, junto con el uso de las fórmulas, las funciones y los operadores automatizan los cálculos.

El diseño y la presentación de los datos se refuerzan mediante el formato de las celdas, la aplicación de los bordes y la creación de los gráficos que representan visualmente la información.

Las funciones más habituales de las hojas de cálculo son:

Las herramientas de presentaciones permiten organizar la información en diapositivas mediante la combinación de texto, imágenes y elementos multimedia, lo que facilita una comunicación visual más clara y efectiva. Su interfaz incorpora diseños predefinidos y patrones que garantizan la coherencia estética y la profesionalidad, además de agilizar la edición y la estructuración del contenido.

Las animaciones y las transiciones contribuyen a lograr una exposición fluida, ya que introducen la información de forma secuencial y conectan las diapositivas coherentemente. La configuración final, incluyendo el modo de visualización, los intervalos y las opciones de reproducción, asegura una presentación adecuada ante la audiencia. Asimismo, la variedad de formatos disponibles, como .pptx, .odp o .ppsx, permite conservar las funciones de edición o facilitar la visualización o edición de la presentación en distintas aplicaciones, mientras que la exportación al formato .pdf proporciona versiones estáticas que no necesitan usar el *software* original.

Los tipos más comunes de animación son:

El formato PDF permite conservar el diseño original de un documento y proteger su contenido frente a las modificaciones no autorizadas, lo que lo convierte en una opción segura y estandarizada para la distribución de la información. Los lectores de PDF permiten visualizar, imprimir y firmar los archivos, mientras que las herramientas avanzadas ofrecen funciones como edición, reconocimiento de texto (OCR), protección mediante contraseñas y creación de formularios interactivos adaptados a las distintas necesidades.

Los formularios PDF facilitan la recopilación de los datos a través de los campos editables, las casillas de verificación y las listas desplegables, garantizando una interacción clara y ordenada con la persona usuaria.

La sostenibilidad digital requiere de una gestión eficiente de los documentos y dispositivos para reducir el consumo energético y minimizar la huella ambiental. La optimización de los archivos, la eliminación de los duplicados, el uso de formatos eficientes y la organización del almacenamiento permiten un uso responsable de los recursos digitales y mejoran el rendimiento de los equipos.

La adopción de hábitos de ahorro energético, como la reducción del brillo de la pantalla, la activación de los modos de bajo consumo, el cierre de aplicaciones sin uso y prolongar la vida útil de los dispositivos disminuye el impacto ambiental asociado al uso digital. Estas prácticas favorecen un consumo consciente y garantizan un mantenimiento responsable, prolongando la eficiencia y la funcionalidad de los equipos con el paso del tiempo.

# Ejercicios de autoevaluación
# Unidad de Aprendizaje 1

**1. Determina si las siguientes afirmaciones son verdaderas o falsas:**

a. Los procesadores de texto permiten insertar imágenes, tablas y otros elementos gráficos.

- ■ Falso
- ■ Verdadero

b. El formato PDF permite mantener editable el contenido del documento sin restricciones.

- ■ Falso
- ■ Verdadero

c. En una hoja de cálculo, las fórmulas siempre empiezan con el signo igual (=).

- ■ Falso
- ■ Verdadero

d. Las transiciones se aplican exclusivamente a los objetos dentro de una diapositiva.

- ■ Falso
- ■ Verdadero

**2. ¿Qué es un procesador de texto?**

a. Un programa para crear animaciones.
b. Un *software* para editar vídeos.
c. Un visor de imágenes.
d. Una aplicación para crear, editar y modificar documentos escritos.

**3. ¿En qué pestaña suele encontrarse la configuración de los márgenes y la orientación de la página?**

    a. Diseño/Formato
    b. Inicio
    c. Revisar
    d. Vista

**4. ¿Qué color de subrayado indica un error ortográfico?**

    a. Azul
    b. Rojo
    c. Verde
    d. Violeta

**5. ¿Qué función permite sumar un grupo de celdas?**

    a. CONTAR
    b. MAX
    c. MIN
    d. SUMA

**6. ¿Cómo se denomina el espacio donde se editan las fórmulas?**

    a. Barra de fórmulas
    b. Cinta de tareas
    c. Panel de navegación
    d. Panel lateral

**7. Las transiciones afectan...**

    a. ... a la diapositiva completa.
    b. ... a los iconos.
    c. ... solo a las imágenes.
    d. ... solo al texto.

**8. ¿Para qué sirve el patrón de diapositivas?**

    a. Borra el fondo.
    b. Crea gráficos animados.
    c. Establece el formato general de todas las diapositivas.
    d. Inserta vídeos automáticamente.

**9. El PDF se utiliza principalmente para...**

    a. ... conservar el diseño original.
    b. ... crear hojas de cálculo.
    c. ... editar fórmulas.
    d. ... insertar transiciones.

**10. ¿Qué implica la sostenibilidad digital?**

    a. Aumentar el consumo energético.
    b. Duplicar copias de archivos.
    c. Imprimir más documentos.
    d. Reducir archivos innecesarios y optimizar recursos.

# Consultas y creación de contenidos con inteligencia artificial (IA)

# Contenido

# Objetivos

El objetivo general de esta Unidad de Aprendizaje es:

→ Adquirir competencias digitales básicas que permitan aprovechar las posibilidades asociadas a la inteligencia artificial para efectuar consultas y crear contenidos, de acuerdo con el Marco de Competencias Digitales para la Ciudadanía de la Unión Europea.

Los objetivos específicos de esta Unidad de Aprendizaje son:

→ Analizar la interacción con los sistemas de inteligencia artificial desde los dispositivos digitales.
→ Aplicar modalidades de comunicación oral y escrita con herramientas de IA.
→ Generar contenidos visuales y sonoros mediante modelos de IA, utilizando instrucciones claras para obtener imágenes, voces sintéticas y audios coherentes con un propósito definido.
→ Reconocer los riesgos asociados a la seguridad y a la protección de datos en el uso de los sistemas de IA.
→ Conocer las competencias digitales para interactuar con los modelos de IA.
→ Analizar cómo se emplean las herramientas de inteligencia artificial en las actividades de la vida diaria a través de las instrucciones escritas u orales, identificando buenas prácticas y limitaciones al interactuar con estos sistemas.
→ Aplicar las pautas para formular peticiones a la IA de forma acotada y personalizada, ajustando el contenido al contexto, al público y al uso que se le dará a la información.

# 1. Introducción

La inteligencia artificial (IA) ha irrumpido en la actualidad como una tecnología transformadora, redefiniendo la forma en la que trabajamos, nos comunicamos y creamos contenidos y documentos. Para aprovechar al máximo las oportunidades que nos presenta su uso, se deben proporcionar las capacidades cognitivas y las prácticas necesarias para interactuar de manera efectiva y ética con los modelos de IA, tanto para la consulta de la información como para la creación de los contenidos multimedia.

Las personas deben capacitarse no solo para que aprovechen el potencial de la IA en su vida diaria y profesional, sino para que, también, comprendan las implicaciones sociales, los riesgos de seguridad y la importancia de desarrollar una mentalidad crítica y responsable en el empleo de esta nueva tecnología.

Susana y Julen siguen trabajando en un proyecto que les exige utilizar distintas herramientas de inteligencia artificial para analizar la información, generar los contenidos y automatizar sus tareas. Aunque ambos están familiarizados con la tecnología, descubrirán que el uso de la IA requiere de nuevas competencias como saber formular consultas precisas, interpretar correctamente los resultados, verificar la fiabilidad de las respuestas y trabajar con distintos modelos de IA. Para mejorar su desempeño, han decidido formarse y explorar las posibilidades que les ofrecen los modelos actuales de IA.

A medida que avancen, se darán cuenta de que la IA no solo responde preguntas, sino que también facilita la creación de textos, imágenes, audios y contenidos multimedia a partir de simples instrucciones. Descubrirán los riesgos y las responsabilidades que implica su uso, como la privacidad, los sesgos o la verificación de la información.

# 2. Relación con la inteligencia artificial (IA) a través del PC o del teléfono móvil

 **HILO CONDUCTOR**

Susana suele trabajar desde su ordenador, mientras que Julen utiliza con frecuencia su teléfono móvil para consultar la información o generar los contenidos

*Continúa en página siguiente >>*

<< *Viene de página anterior*

de manera más rápida. Ambos son conocedores de que la IA se integra naturalmente en sus dispositivos y que no necesitan tener unos conocimientos técnicos avanzados para utilizarla. Usando las aplicaciones y una conexión a internet pueden acceder a los asistentes, a los modelos generativos o a las herramientas de automatización que les ayudan en su día a día.

A lo largo de su aprendizaje, experimentarán cómo la IA adecua los resultados según el dispositivo: en el PC, Susana obtiene respuestas más extensas y puede organizar sus proyectos; en el móvil, Julen aprovecha la inmediatez para consultar, resumir o traducir información. Gracias a esta combinación, ambos comprenderán cómo la accesibilidad multiplataforma ha convertido a la IA en un recurso útil tanto en los contextos personales como profesionales.

------------------------------------------------

La inteligencia artificial se ha integrado en la vida cotidiana gracias a la accesibilidad de los dispositivos personales, especialmente los ordenadores y los teléfonos móviles. Estas herramientas permiten utilizar las aplicaciones basadas en IA sin necesidad de tener unos conocimientos técnicos previos, facilitando la consulta, la creación de contenidos, la automatización de las tareas y la comunicación con asistentes virtuales. El usuario final solo necesita una conexión a internet y una interfaz sencilla para utilizar la inteligencia artificial mediante los algoritmos que operan en segundo plano.

El acceso multiplataforma permite que la IA esté presente en los distintos contextos, laborales o personales, y que se utilice en sus dispositivos móviles o en las aplicaciones específicas que se adaptan al dispositivo ofreciéndole experiencias fluidas. Esta disponibilidad ha convertido a la inteligencia artificial en un recurso aplicable a los estudios, trabajo, ocio, comunicación o para la búsqueda de información.

*Pantalla de la aplicación CHATGPT de OpenAI con la que interactúa el usuario.*

## 2.1. Aplicación de la inteligencia artificial de aprendizaje automático y lenguaje natural

Dos pilares fundamentales de la inteligencia artificial son el **aprendizaje automático** *(Machine Learning)* y el **procesamiento del lenguaje natural** *(Natural Language Processing* - NLP), entendidos como dos enfoques que permiten a las máquinas aprender de la información disponible y manejar datos expresados en lenguaje humano. Su importancia radica en que facilitan que los sistemas tecnológicos realicen tareas de manera más precisa, rápida y adaptable, contribuyendo al desarrollo de soluciones que mejoran los procesos, apoyan la toma de decisiones y optimizan las actividades en distintos sectores. Su combinación ha permitido que la IA sea una herramienta versátil y esté presente en las aplicaciones personales y profesionales sin necesidad de conocer los aspectos técnicos que las sostienen.

### Aprendizaje automático *(Machine Learning* - ML)

La inteligencia artificial basada en el aprendizaje automático analiza grandes cantidades de datos para extraer patrones, realizar predicciones y ofrecer recomendaciones. Este enfoque permite que los sistemas como los motores de búsqueda, las redes sociales o las plataformas de comercio electrónico personalicen la experiencia del usuario de forma continua. Gracias a estas capacidades, las herramientas digitales son capaces de aprender según el comportamiento humano, lo que mejora sus respuestas con el paso del tiempo.

En los equipos electrónicos, el aprendizaje automático se aplica en:

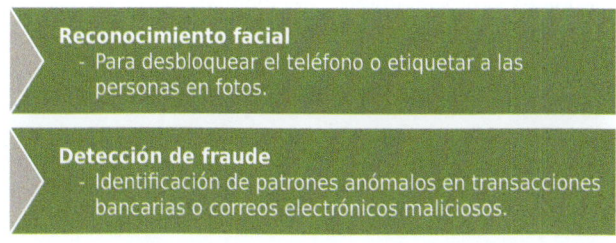

**Reconocimiento facial**
- Para desbloquear el teléfono o etiquetar a las personas en fotos.

**Detección de fraude**
- Identificación de patrones anómalos en transacciones bancarias o correos electrónicos maliciosos.

### Procesamiento del lenguaje natural (Natural Language Processing - NLP)

El procesamiento del lenguaje natural permite a las máquinas comprender, interpretar y generar texto similar al humano. Esto implica que ahora es posible hacer consultas complejas utilizando lenguaje cotidiano sin necesidad de comandos técnicos. Chatbots, asistentes conversacionales y generadores de contenido emplean estas técnicas para responder, sintetizar información y producir textos coherentes en cuestión de segundos.

Algunos ejemplos habituales de uso del aprendizaje automático y del procesamiento del lenguaje natural son:

**Recomendadores personalizados**
- Plataformas como Netflix o Spotify analizan los hábitos de los usuarios para sugerirles contenidos.

**Correctores inteligentes**
- Procesadores de texto que ajustan la gramática, el estilo y el tono de forma automática.

**Modelos generativos**
- Herramientas que crean textos, imágenes, audios o vídeos con base en instrucciones escritas.

 **ACTIVIDAD COMPLEMENTARIA**

5. Investiga sobre el procesamiento del lenguaje natural (NLP) y analiza sus componentes y aplicaciones reales. Posteriormente, responde a las siguientes preguntas:

- ¿Qué es el procesamiento del lenguaje natural?
- ¿Cómo funciona?
- ¿Cuáles son sus principales componentes?
- ¿En qué aplicaciones prácticas se utiliza?

## 2.2. Inteligencia artificial conversacional y asistentes virtuales para simplificar la interacción con la tecnología

La IA conversacional y los asistentes virtuales han simplificado la interacción con la tecnología, permitiendo a los usuarios comunicarse con los dispositivos de forma natural y sin necesidad de aprender comandos complejos. Gracias a su capacidad para interpretar las solicitudes, ofrecer respuestas inmediatas y ejecutar las acciones de manera autónoma, estos sistemas se han integrado en las actividades cotidianas como la gestión de las agendas, la búsqueda de la información o el control de los dispositivos conectados. Este avance ha favorecido una relación más accesible, intuitiva y eficiente entre las personas y las herramientas digitales, fortaleciendo el papel de la IA como facilitadora en los entornos personales y profesionales.

## Asistentes virtuales

Los asistentes virtuales están integrados en las aplicaciones móviles, páginas web y servicios de atención al cliente para automatizar las respuestas, ofrecerles a los usuarios asistencia inmediata, reduciendo los tiempos de espera, lo que permite a los usuarios obtener soluciones rápidas sin necesidad de una intervención humana directa. Funcionan como un primer nivel de ayuda capaz de gestionar solicitudes frecuentes, recopilar información relevante y guiar al usuario en los procesos básicos, asegurando una experiencia fluida y coherente. Además, facilitan la clasificación de las incidencias y la derivación hacia agentes especializados cuando sea necesario, lo que optimiza el trabajo interno y contribuye a mejorar la calidad del servicio ofrecido por las empresas.

 **SABÍAS QUE...**

Programas como Siri, Google Assistant o Alexa utilizan el PLN para interpretar los comandos de voz y realizar las tareas como establecer recordatorios, buscar información o controlar los dispositivos domésticos inteligentes.

Entre las funciones habituales de los asistentes virtuales se encuentran:

- ⮕ Responder preguntas frecuentes con rapidez y precisión.
- ⮕ Gestionar tareas automatizadas, como recordatorios, compras o reservas.
- ⮕ Guiar procesos complejos, como la cumplimentación de los formularios o la configuración de las apps.
- ⮕ Interpretar los comandos de voz para facilitar su uso en movilidad o en situaciones de manos ocupadas.

## Chatbots y atención al cliente

La IA conversacional se utiliza en los chatbots para proporcionarle soporte al cliente, responder a preguntas frecuentes y guiar a los usuarios a través de procesos complejos, ofreciéndoles una atención constante y coherente que reduce los tiempos de espera y libera recursos humanos para que realicen otros trabajos con un valor mayor. Estos sistemas permiten automatizar las interacciones recurrentes, personalizar las respuestas en función de las necesidades del usuario y optimizar la resolución de las incidencias, contribuyendo a lograr una experiencia ágil y satisfactoria. Como resultado, las empresas mejoran su eficiencia operativa, incrementan la calidad del servicio y fortalecen la relación con sus clientes.

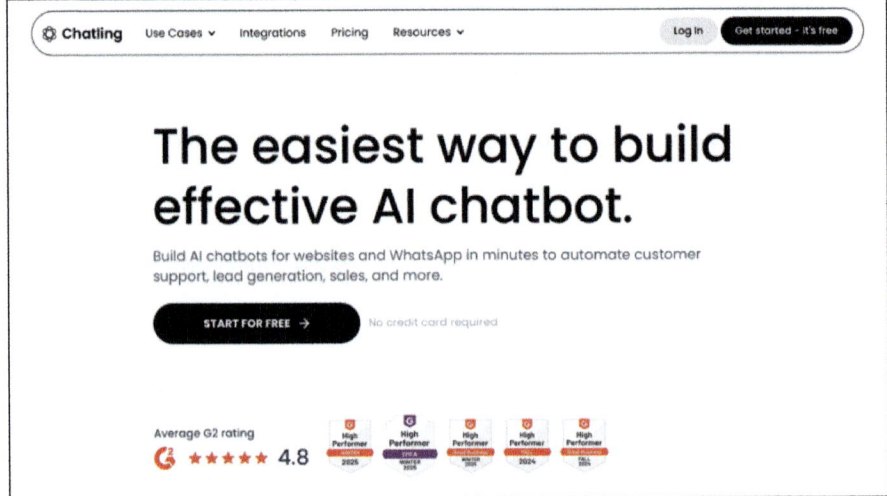

*Pantalla de acceso a la herramienta Chatling para crear un chatbot.*

## 2.3. Identificación de los tipos de inteligencia artificial de uso general

La IA se puede clasificar de diversas maneras, pero para el usuario habitual resulta especialmente útil identificar las categorías según su función, ya que este enfoque permite comprender cómo se utiliza en la vida diaria y qué tipo de tareas pueden resolver. Esta clasificación funcional facilita distinguir entre los sistemas diseñados para interactuar con las personas, aquellos orientados a la automatización de los procesos internos, las herramientas centradas en la toma de decisiones y las tecnologías capaces de analizar grandes volúmenes de datos. De este modo, el usuario dispone de una referencia práctica que le ayuda a reconocer el propósito de cada solución de IA y a entender su impacto en actividades personales, profesionales y en distintos servicios digitales.

Los principales tipos de inteligencia artificial de uso general son:

- **Modelos generativos multimodales:** crean contenido a partir de instrucciones textuales.
- **Sistemas predictivos:** analizan datos pasados para anticipar comportamientos futuros.
- **IA conversacional:** facilita consultas y asistencia a través del lenguaje natural.
- **Motores de recomendación:** adaptan contenido, productos o información según preferencias del usuario.

## 2.4. Aplicaciones y utilidades de la inteligencia artificial en el ámbito ciudadano

La IA está generando un impacto directo en la vida de los ciudadanos, simplificando los procesos cotidianos y mejorando el acceso a la información y a los servicios. Desde los asistentes médicos digitales hasta las aplicaciones para optimizar el transporte, las herramientas basadas en IA se han integrado en el día a día sin que el usuario sea plenamente consciente. La automatización de ciertas tareas permite a los usuarios ahorrar tiempo y tomar decisiones mejor fundamentadas.

Además, la IA contribuye a mejorar la inclusión digital al utilizar interfaces intuitivas y accesibles. Esto beneficia especialmente a las personas mayores, a los individuos con discapacidad y a los usuarios con poca experiencia tecnológica. En sectores como la educación, las finanzas personales y la gestión de los trámites, la IA se convierte en un apoyo para la comprensión y la ejecución de las actividades que antes requerían conocimientos específicos.

Entre las áreas en las que tiene un impacto directo la inteligencia artificial destacan:

- **Administración electrónica:** relleno automático de formularios y asistentes para trámites *online*.
- **Educación personalizada:** plataformas de aprendizaje adaptativo que personalizan el contenido según el ritmo del estudiante.
- **Movilidad inteligente:** *apps* de rutas, tráfico, optimización de transporte público.

○ **Salud digital:** detección temprana de síntomas, recordatorios de medicación, análisis básicos, así como monitorización de la salud a través de los *wearables*.
○ **Transporte:** vehículos autónomos, optimización de las rutas de transporte público.
○ **Seguridad:** sistemas de videovigilancia inteligentes para la detección de incidentes.

 **IMPORTANTE**

A pesar de los beneficios que presenta, la inteligencia artificial plantea serios desafíos éticos y sociales.

## 2.5. Implicaciones sociales de la IA, errores, discriminación y sesgos

El empleo masivo de algoritmos conlleva la aparición de distintos riesgos relacionados con los sesgos, la discriminación automatizada y las decisiones incorrectas. La IA puede amplificar las desigualdades si se entrena con datos insuficientes o sesgados, generando resultados injustos en áreas como la selección laboral, el acceso a los servicios o la moderación de contenido. Por ello, es fundamental evaluar la calidad y la diversidad de los datos utilizados en los sistemas de inteligencia artificial.

La tendencia a delegar las decisiones en los sistemas automatizados puede reducir la capacidad crítica del ciudadano y generarle dependencia tecnológica. La transparencia, la ética y la interpretación humana son esenciales para evitar los errores sistemáticos. La comprensión de estos riesgos favorece el uso responsable de la IA en los entornos públicos y privados.

 **IMPORTANTE**

Los algoritmos aprenden de los datos con los que son entrenados. Si estos datos históricos reflejan prejuicios sociales, raciales o de género, la inteligencia artificial puede perpetuar y amplificar esos sesgos, provocando resultados discriminatorios.

Algunos ejemplos de sesgo en el empleo de la inteligencia artificial son:

- **Sanidad:** los datos infrarrepresentados sobre mujeres o grupos minoritarios pueden sesgar los algoritmos predictivos de la IA. Por ejemplo, se ha observado que los sistemas de diagnóstico asistido por ordenador (CAD) arrojan resultados de menor precisión para los pacientes negros que para los blancos.
- **Selección de personal:** los problemas con los algoritmos de procesamiento del lenguaje natural pueden producir resultados sesgados dentro de los sistemas de seguimiento de candidatos. Por ejemplo, Amazon dejó de utilizar un algoritmo de contratación tras descubrir que favorecía a los solicitantes basándose en palabras como "contratado" o "captado", más frecuentes en los currículos de los hombres.
- **Publicidad en línea:** los sesgos en los algoritmos de publicidad de los motores de búsqueda pueden reforzar los prejuicios de género en los puestos de trabajo. Una investigación independiente de la Universidad Carnegie Mellon de Pittsburgh reveló que el sistema de publicidad en línea de Google mostraba los puestos mejor pagados a los hombres con más frecuencia que a las mujeres.
- **Generación de imágenes:** una investigación académica descubrió un sesgo en la aplicación de generación de arte de IA generativa Midjourney. Cuando se le pedía que creara imágenes de personas en profesiones especializadas, mostraba tanto a personas jóvenes como mayores, pero los mayores eran siempre hombres, lo que reforzaba el sesgo de género del papel de la mujer en el lugar de trabajo.
- **Herramientas policiales predictivas:** se supone que las herramientas policiales predictivas con IA utilizadas por algunas organizaciones en el sistema de justicia penal identifican las zonas en las que es probable que se produzcan delitos. Sin embargo, a menudo se basan en datos históricos sobre detenciones, lo que puede reforzar las pautas existentes de elaboración de perfiles raciales y de ataque desproporcionado a las comunidades minoritarias.

 **PARA SABER MÁS**

Puedes acceder al siguiente enlace para profundizar en los sesgos de la inteligencia artificial.

*Continúa en página siguiente >>*

*<< Viene de página anterior*

https://redirectoronline.com/ctrd00420201

## 2.6. Resultados dirigidos en publicidad y redes sociales en función de sesgos

La IA es el motor de la publicidad y los *feeds* de contenido en las redes sociales, ya que analiza de forma continua el comportamiento del usuario para construir un perfil detallado basado en sus intereses, hábitos de navegación y patrones de interacción. A partir de esta información, los algoritmos seleccionan y priorizan las publicaciones, las recomendaciones y los anuncios que puedan resultarle al usuario especialmente relevantes, creando experiencias altamente personalizadas que mantienen su atención y aumentan la probabilidad de interacción con las publicaciones y/o contenidos. Este proceso permite a las plataformas optimizar su capacidad de segmentación y a las marcas dirigir sus mensajes de manera más precisa, aunque también plantea desafíos relacionados con la transparencia, la privacidad y la posible creación de burbujas informativas.

 **APLICACIÓN PRÁCTICA**

**La empresa Publicidad Creativa S. L. está renovando su departamento de diseño digital. Están buscando una herramienta que les permita generar imágenes, textos y otros contenidos visuales a partir de instrucciones sencillas, como descripciones breves de campañas o ideas creativas.**

**El objetivo es agilizar la creación de bocetos, propuestas visuales y textos base para los anuncios sin depender del equipo de diseño desde el primer momento.**

*Continúa en página siguiente >>*

*<< Viene de página anterior*

**La dirección te pregunta acerca del tipo de inteligencia artificial que debieran implementar para realizar esta función de forma eficaz. ¿Qué modelo de IA es el más adecuado para esta tarea?**

**Solución**

Los modelos generativos multimodales. Dichos modelos pueden crear textos e imágenes a partir de las instrucciones del usuario. Son la opción más adecuada para las tareas creativas que requieren generar contenido visual y escrito, como el caso de las campañas publicitarias que necesita la empresa.

---

## 2.7. Recopilación de datos y evolución del concepto de privacidad

La recopilación de datos es la base del funcionamiento de la IA moderna, ya que los algoritmos aprenden mediante el análisis de grandes volúmenes de información. Con el aumento del uso de los dispositivos conectados, los ciudadanos generan datos de forma continua sobre su ubicación, comportamiento digital, preferencias, interacciones o hábitos de consumo. Esta realidad ha impulsado un cambio profundo en la comprensión de la privacidad.

La evolución de la privacidad ha desembocado en un equilibrio entre los beneficios de los servicios personalizados y la protección de la información personal. Legislaciones como el RGPD en Europa establecen los derechos y las obligaciones para garantizar que los datos sean tratados de forma segura y transparente. Los ciudadanos deben conocer cómo se recopila, almacena y procesa su información para ejercer un control efectivo sobre sus datos.

Para mitigar los riesgos, es necesario fomentar la alfabetización digital y la educación sobre la importancia de la privacidad. Conocer los conceptos como consentimiento informado, minimización de datos y almacenamiento seguro ayuda a los ciudadanos a elegir las aplicaciones confiables y a exigirles transparencia a las empresas y a las Administraciones públicas.

## SABÍAS QUE...

Además de la recopilación directa de datos, las aplicaciones actuales realizan análisis inferencial; deducen gustos, comportamientos o necesidades basándose en patrones. Este procesamiento invisible puede sorprender a los usuarios si no existe una información clara sobre las prácticas de seguimiento y análisis. Por ello, comprender cómo se generan estos perfiles digitales se ha vuelto esencial para el uso consciente de la tecnología.

---

## 2.8. Oportunidades de crecimiento y empleo en el ámbito de la IA

La expansión de la IA está generando importantes oportunidades laborales tanto en los sectores técnicos como en los no técnicos. Profesiones como analista de datos, ingeniero de IA, especialista en automatización o gestor de contenidos digitales se encuentran en crecimiento. Pero más allá de los puestos especializados, la IA está transformando los empleos tradicionales, introduciendo herramientas que mejoran la productividad y facilitan la toma de decisiones.

Al mismo tiempo, el mercado laboral demanda nuevas competencias relacionadas con el uso estratégico de la IA: capacidad de consulta avanzada, redacción asistida, diseño de *prompts*, supervisión de modelos y uso ético de herramientas digitales. La formación en estas áreas, además de favorecer la empleabilidad, posiciona a los profesionales como actores clave en el desarrollo de la transformación digital.

Entre los ámbitos laborales emergentes destacan:

- **Supervisión de IA:** implica monitorizar los sistemas de inteligencia artificial para garantizar que funcionen de manera ética, segura y eficiente. Incluye la revisión de datos, la detección de sesgos, el control de calidad de las respuestas y la intervención humana cuando el sistema presenta errores o decisiones inapropiadas.
- **Automatización mediante IA:** consiste en diseñar, implementar y optimizar los procesos automáticos que sustituyen las tareas manuales repetitivas. Los profesionales de este ámbito integran modelos de IA en flujos de trabajo, mejoran la eficiencia operativa y aseguran que los sistemas automatizados se ajusten a los objetivos de negocio.
- **Producción de contenidos con IA:** comprende la creación de textos, imágenes, vídeos o materiales multimedia apoyados en herramientas de

IA generativa. El rol implica supervisar la coherencia, precisión y calidad del contenido, ajustar el tono y estilo, y garantizar que los resultados se alineen con la estrategia comunicativa o creativa de la organización.

➲ **Servicios ciudadanos asistidos por IA:** se centra en el desarrollo y gestión de sistemas que mejoran la atención al ciudadano mediante asistentes virtuales, chatbots, análisis predictivo o sistemas automatizados de consulta. El objetivo es ofrecer respuestas rápidas, accesibles y personalizadas, manteniendo altos estándares de transparencia y protección de datos.

 **SABÍAS QUE...**

La IA actúa como un "copiloto" en muchas profesiones, automatizando las tareas repetitivas y liberando a los trabajadores para que se centren en el pensamiento crítico, la creatividad y la resolución de los problemas complejos.

## 3. Utilización de la inteligencia artificial (IA) mediante lenguaje escrito u oral en la vida diaria

 **HILO CONDUCTOR**

Durante su formación, Susana se ha dado cuenta de que prefiere comunicarse con la IA mediante el empleo de instrucciones textuales para estructurar sus ideas, redactar los documentos o generar instrucciones complejas. Julen, en cambio, recurre con frecuencia a la voz para realizar las consultas rápidas, programar los recordatorios o resolver dudas mientras realiza otras tareas. Ambos descubrirán que la IA comprende el lenguaje natural de forma fluida y se adapta al tipo de interacción que necesitan.

A lo largo de sus actividades, compararán los resultados y comprobarán que la interacción oral es más eficiente para las acciones inmediatas, mientras que la interacción escrita ofrece un mayor nivel de detalle y control. Esta experiencia les permitirá identificar en qué situaciones conviene usar cada opción y cómo ambas facilitan su relación con la inteligencia artificial.

La inteligencia artificial forma parte de la vida cotidiana a través de los sistemas capaces de interpretar el lenguaje escrito u oral, lo que permite a las personas interactuar con la tecnología de manera directa, natural y accesible. Desde los asistentes virtuales que establecen recordatorios, realizan búsquedas o gestionan las tareas domésticas, hasta chatbots que resuelven las dudas de los usuarios en los servicios digitales, la IA facilita el desarrollo de las acciones que antes requerían de procesos más complejos o la intervención de un profesional. También está presente en las herramientas que corrigen textos, transcriben notas, traducen automáticamente o ayudan a redactar mensajes, mejorando la productividad en el ámbito personal y en el profesional. Esta capacidad de comprender y generar lenguaje convierte a la IA en un recurso cotidiano que simplifica las gestiones, acelera la comunicación y optimiza el uso de los dispositivos y las plataformas digitales.

*La inteligencia artificial cada vez está más presente en los ámbitos empresariales.*

## 3.1. Interacción con la inteligencia artificial mediante texto o de forma oral

La forma más común de interactuar con la IA es a través del lenguaje natural, ya sea escrito, como sucede en los chatbots o en las interfaces basadas en modelos de lenguaje, u oral, mediante los asistentes virtuales que procesan los comandos de voz y ejecutan las acciones de forma inmediata. Esta capacidad de comprender y responder utilizando las expresiones propias del habla cotidiana permite que la interacción sea más intuitiva, accesible y cercana, sin necesidad de que el usuario conozca las instrucciones técnicas o los comandos específicos. Gracias a este enfoque, centrado en el lenguaje humano, la IA se integra con facilidad en las tareas diarias como la resolución de las dudas, la gestión de los recordatorios, la búsqueda de información o recibir apoyo en los trámites digitales, favoreciendo una experiencia fluida y natural en los distintos entornos personales y profesionales.

La **interacción oral** es ideal para tareas rápidas, como la configuración de alarmas, la reproducción de música o la búsqueda de información, ya que permite obtener unos resultados inmediatos sin necesidad de manipular un dispositivo. Por su parte, la **interacción escrita** se emplea en las tareas que requieren una mayor precisión, detalle y control, como la generación de código, la redacción de documentos, la elaboración de consultas complejas o la revisión de contenidos. Esta combinación de modalidades ofrece una experiencia flexible que se adapta a las necesidades del usuario en cada contexto, optimizando la rapidez y la exactitud en el uso de las herramientas basadas en IA.

## 3.2. Búsqueda de información (viajes, historia, datos, etc.) mediante inteligencia artificial (IA)

La IA ha revolucionado la forma en la que se accede a la información, yendo más allá de la simple búsqueda de palabras clave y permitiendo los procesos de consulta más inteligentes y contextuales. Los sistemas actuales son capaces de interpretar la intención del usuario, comprender los matices en sus preguntas y ofrecer respuestas organizadas, relevantes y útiles sin necesidad de que este formule consultas complejas. Además, pueden resumir grandes volúmenes de información, comparar las fuentes, sugerir información relacionada y presentar los resultados en formatos claros y estructurados. Este enfoque transformador ha agilizado la manera en la que las personas encuentran y utilizan los datos, facilitando las decisiones rápidas y mejor informadas en los ámbitos personales, académicos y profesionales.

 **RECUERDA**

Los modelos de IA generativa pueden sintetizar información de múltiples fuentes para proporcionar respuestas directas y contextualizadas, reuniendo datos dispersos y presentándolos de forma coherente y comprensible sin que el usuario tenga que revisar manualmente cada referencia.

## 3.3. Solicitud de explicaciones o datos de cualquier tipo mediante IA

La inteligencia artificial, particularmente a través de los modelos de lenguaje largos (LLM), ha transformado la forma en que se accede y procesa la información. A diferencia de un motor de búsqueda tradicional, que devuelve una lista de enlaces, la IA es capaz de **sintetizar, generar y estructurar** contenido original basado en su entrenamiento. Esto la convierte en una herramienta de ayuda para obtener explicaciones complejas, resúmenes de temas extensos o datos organizados de manera específica.

El uso efectivo de esta capacidad requiere una comprensión acerca de cómo "hablar" con la IA. La calidad de la respuesta está directamente ligada a la calidad de la solicitud, concepto conocido como Prompt Engineering. Al dominar esta técnica, el usuario pasa de ser un buscador a un **creador de conocimiento,** dirigiendo a la IA para que actúe con un perfil específico, según se requiera.

### IMPORTANTE

El *prompt* es la instrucción o pregunta que se le realiza a la IA. Es el elemento central que define el contexto, el objetivo y las restricciones de la tarea. Un *prompt* bien diseñado debe ser lo suficientemente claro y específico para guiar a la IA hacia la respuesta deseada, evitando ambigüedades que puedan llevar a resultados irrelevantes o incorrectos.

Hay que reconocer que la IA no es infalible. Los modelos predictivos de lenguaje no son bases de datos perfectas. Existen tres riesgos principales que el usuario debe mitigar:

**Alucinaciones**
- La IA puede generar información que parezca plausible pero que es completamente falsa o inventada.

**Sesgos**
- El contenido generado puede reflejar sesgos presentes en los datos de entrenamiento.

**Datos desactualizados**
- Dependiendo del modelo, su conocimiento puede estar limitado a la fecha de su último entrenamiento, lo que puede generar datos obsoletos.

La eficacia de la solicitud se maximiza al incorporar tres elementos clave:

➲ **Claridad:** la solicitud debe ser concisa y no dejar lugar a interpretaciones teniendo en cuenta los siguientes aspectos:

◉ **Tema y alcance**

↕ Se debe definir el concepto exacto y los límites de la información requerida.
↕ Explica la diferencia entre la computación cuántica y la computación clásica.

◉ **Nivel de detalle**

↕ Especifica la profundidad y el público objetivo.
↕ Explica la fusión nuclear para un estudiante de secundaria.

◉ **Restricciones**

↕ Limita la longitud o el enfoque.
↕ Resume los principales argumentos del libro *Sapiens* en 200 palabras.

➲ **Rol:** asignarle un rol a la IA mejora la calidad y el estilo de la respuesta, ya que le obliga a adoptar un vocabulario y una perspectiva específicos. Se debe incorporar tanto:

◉ **Rol:** indica a la IA que asuma una identidad profesional o temática. Ejemplo: "Actúa como un profesor de economía...".
◉ **Tono:** especifica la actitud o el estilo de la comunicación. Ejemplo: "... y explica de forma formal y objetiva el concepto de inflación".

➲ **Formato:** para obtener datos estructurados y fáciles de usar, es crucial solicitar el formato de salida deseado, que puede ser en forma de:

◉ **Tabla**

↕ Comparativas, listas de pros y contras, datos numéricos.
↕ Genera una tabla comparando Python, Java y JavaScript en términos de velocidad, curva de aprendizaje y uso principal.

◉ **Lista numerada/viñetas**

↕ Pasos, puntos clave, resúmenes rápidos.
↕ Dame una lista numerada de los cinco pasos para crear un plan de negocios.

⟁ **Código o fórmulas**

  ⇕ Explicaciones técnicas o ejemplos de programación.
  ⇕ Escribe un ejemplo de código en Python para calcular la secuencia de Fibonacci.

 **EJEMPLO**

A continuación puedes observar distintos ejemplos de cómo pedirle a la IA que se comporte y cómo quieres que te devuelva la información:

- **Explicación compleja**
  Actúa como un divulgador científico. Explica el concepto de entrelazamiento cuántico de forma que sea comprensible para un público no especializado. Utiliza una analogía para ilustrar el punto clave.
- **Datos estructurados**
  Necesito datos sobre el consumo de energía renovable en los países del G7. Genera una tabla Markdown con las columnas: "País", "Porcentaje de energía renovable" (último dato disponible) y "Fuente principal de energía renovable".
- **Resumen y análisis**
  Eres un analista de mercado. Resume las tres principales implicaciones de la reciente subida de tipos de interés por parte del Banco Central Europeo. Presenta la respuesta como una lista de viñetas, con un párrafo de análisis para cada punto.

Una vez que la IA ha proporcionado una respuesta, el proceso no termina. El refinamiento y la verificación son pasos esenciales:

**Refinamiento iterativo**
- Si la respuesta no es perfecta, pídele a la IA que la modifique.
- Ejemplo: "Ahora, haz la explicación más corta y céntrate solo en los beneficios. Reescribe el segundo punto con un tono más crítico. Dame las fuentes de donde obtuviste los datos de la tabla".

**Verificación externa**
- Para datos críticos o factuales, mediante el uso de los motores de búsqueda o las bases de datos académicas para confirmar la exactitud de la información generada por la IA.

### 3.4. Generación de textos de diferente tipo y en diferentes idiomas por la IA

La IA es capaz de generar textos de múltiples tipos, como correos electrónicos, artículos, resúmenes, guiones, descripciones de productos o mensajes publicitarios, y de producirlos en diferentes idiomas con un alto nivel de coherencia y fluidez. Esta versatilidad permite adaptar el contenido a los distintos objetivos comunicativos, estilos y audiencias, facilitando la creación de materiales profesionales como la redacción de textos. Además, su capacidad para traducir, reformular y ajustar el tono convierte a la IA en una herramienta valiosa para trabajar en los entornos multilingües, mejorar la productividad y garantizar una comunicación más accesible y eficaz en contextos globales.

La IA puede generar una amplia variedad de contenidos escritos:

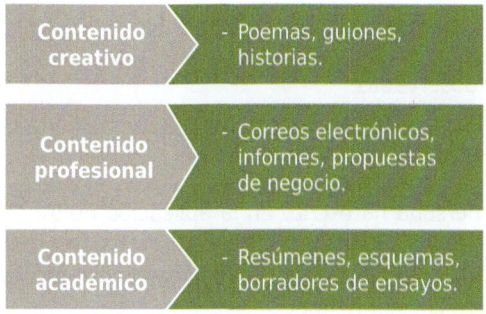

| | |
|---|---|
| **Contenido creativo** | - Poemas, guiones, historias. |
| **Contenido profesional** | - Correos electrónicos, informes, propuestas de negocio. |
| **Contenido académico** | - Resúmenes, esquemas, borradores de ensayos. |

## IMPORTANTE

Es crucial especificar el tono, el formato y el público objetivo para obtener un resultado de calidad.

### 3.5. Traducción automática de textos con IA

La traducción automática basada en la IA permite convertir textos de un idioma a otro de forma rápida, precisa y accesible, facilitando la comunicación en los entornos globalizados sin necesidad de tener conocimientos lingüísticos avanzados. Estos sistemas son capaces de interpretar el sentido general del mensaje, adaptar las expresiones idiomáticas y mantener la coherencia del contenido, lo que resulta especialmente útil en los correos electrónicos, documentos, páginas web o conversaciones en tiempo real. Gracias a esta tecnología, las personas y las organizaciones pueden interactuar con información multilingüe, colaborar con equipos internacionales y acceder a los recursos en otros idiomas, reduciendo las barreras culturales y mejorando la eficiencia en las tareas de comunicación.

## TAREA 6

Analiza las siguientes situaciones observadas en las personas que están realizando un curso sobre IA en el uso de las herramientas, tanto mediante instrucciones escritas como orales. ¿Qué problema presentan las instrucciones siguientes? ¿Podrían mejorarse? Reescribe las situaciones para hacer las instrucciones más claras, precisas y útiles.

Situaciones observadas:

1. Situaciones con lenguaje escrito

    · Una persona ha escrito en la aplicación de IA: "Ayúdame con algo del trabajo."
    · En una herramienta de recomendación de recetas, se ha introducido: "Quiero cocinar algo fácil".
    · En un chatbot educativo, un estudiante indica: "Explícame esto de matemáticas".

2. Situaciones con lenguaje oral

    · Una persona le dice a su asistente de voz del móvil: "Pon música".
    · Durante un trayecto en coche, alguien le dice al asistente del vehículo: "Llévame a un sitio bueno para comer".

----

### 3.6. Pautas para acotar y concretar la información ofrecida por la IA

Para que la IA ofrezca respuestas precisas y útiles es fundamental formular solicitudes claras y bien definidas, indicando de manera explícita el objetivo, el formato deseado y el grado de detalle requerido. Es recomendable especificar el contexto, establecer los límites de extensión, señalar el público al que va dirigido el contenido o mencionar ejemplos que sirvan como referencia. También resulta útil dividir una consulta compleja en otras partes manejables y revisar las respuestas para ajustar las nuevas preguntas en función de la información obtenida. Al aplicar estas pautas, el usuario orienta mejor a la IA, reduce la ambigüedad y recibe información más concreta, relevante y alineada con sus necesidades reales.

Las etapas para lograr una respuesta correcta por la IA son:

- ⮑ **Claridad y especificidad:** evitar ambigüedades. Indicar exactamente lo que se espera.
  **Malo:** "Escribe sobre el cambio climático".
  **Bueno:** "Escribe un resumen de 150 palabras sobre el impacto del cambio climático en la agricultura de España, con un tono formal".
- ⮑ **Rol:** asignar un rol o personalidad a la IA para guiar el estilo de la respuesta.
  "Actúa como un experto en *marketing* digital y dame 5 ideas para una campaña en redes sociales".
- ⮑ **Contexto:** proporcionar toda la información de fondo necesaria.
  "Basándote en el siguiente texto, identifica los tres puntos clave y explícalos en un párrafo cada uno".
- ⮑ **Formato de salida:** especificar cómo debe estructurarse la respuesta (lista, tabla, código, ensayo).
  "Responde en formato de tabla con tres columnas: concepto, definición y ejemplo".

---

## 3.7. Fiabilidad de los resultados ofrecidos por la IA, "alucinaciones" y resultados falsos

A pesar de su sofisticación, los modelos de IA no son infalibles, por lo que es esencial que el usuario mantenga una actitud crítica ante los resultados obtenidos. Estos sistemas pueden cometer errores, interpretar de forma incorrecta una solicitud o generar información incompleta o desactualizada. Por ello, es recomendable contrastar los datos cuando la precisión sea importante, verificar las fuentes externas y utilizar la IA como una herramienta de apoyo y no como una "verdad absoluta". Adoptar este enfoque crítico permite aprovechar las ventajas de la tecnología sin perder de vista sus limitaciones, garantizando un uso más seguro, responsable y consciente.

## El fenómeno de las "alucinaciones"

El fenómeno de las "alucinaciones" se refiere a las situaciones en las que los modelos de IA generan información falsa, inexacta o inventada, pero presentada con apariencia de veracidad y coherencia. Estas respuestas pueden surgir por las limitaciones en los datos con los que se ha entrenado el modelo, por interpretaciones erróneas del contexto o por la tendencia del sistema a completar las lagunas de información con contenido plausible. Aunque puedan sonar convincentes, las alucinaciones representan un recordatorio de que la IA no entiende la realidad igual que una persona y que, por tanto, sus respuestas deben evaluarse con cautela. Por ello, es importante que se contrasten los datos cuando la exactitud sea crucial y se utilice la IA como una herramienta de apoyo, complementando siempre la información con criterios propios y fuentes fiables.

## Pautas para verificar la fiabilidad

Para garantizar la fiabilidad de la información generada por la IA, es recomendable contrastar los datos con fuentes externas fiables, especialmente cuando se trata de cifras, fechas, conceptos técnicos o contenidos relevantes. También conviene revisar si la respuesta presenta coherencia, ausencia de contradicciones y un nivel de detalle acorde con la complejidad del tema. Cuando sea posible, se recomienda comparar el resultado de la IA con las búsquedas independientes, consultar los documentos oficiales o recurrir a expertos que validen la certeza del contenido. Además, formular preguntas adicionales para profundizar o aclarar puntos ambiguos ayuda a detectar posibles errores o interpretaciones imprecisas. Aplicar estas pautas permite utilizar la IA de manera segura, crítica y responsable.

Para mitigar el riesgo de alucinaciones, se recomienda:

**Solicitar fuentes**
- Pedirle a la IA que cite las fuentes de la información proporcionada.

**Contraste de información**
- Verificar los datos críticos con fuentes externas y confiables (bases de datos, medios de comunicación reconocidos, publicaciones académicas).

**Pensamiento crítico**
- No aceptar la información generada por la IA como verdad absoluta, especialmente en temas sensibles o especializados.

# 4. Generación de imágenes y audios mediante inteligencia artificial (IA)

## ☞ HILO CONDUCTOR

Susana y Julen deben crear materiales visuales y sonoros para su proyecto, motivo por el que necesitan emplear herramientas capaces de generar imágenes y audios a partir de las instrucciones escritas. Mientras Susana redacta *prompts* detallados para obtener ilustraciones y gráficos que acompañen a las presentaciones, Julen experimenta con modelos de síntesis de voz para elaborar las narraciones y los elementos sonoros personalizados.

A lo largo del proceso, aprenderán que los resultados dependen en gran medida de la precisión de las instrucciones originales, ajustando los estilos, las emociones, los formatos y los niveles de detalle hasta obtener las imágenes y los audios coherentes con sus objetivos.

----

La inteligencia artificial ha ampliado sus capacidades más allá del texto, permitiendo la creación de imágenes y audios que imitan de manera precisa los estilos artísticos, las voces humanas y los entornos sonoros. Los sistemas de creación de imágenes pueden generar ilustraciones, fotografías sintéticas, diseños creativos o representaciones realistas a partir de las descripciones del lenguaje natural, facilitando las tareas en los ámbitos como la publicidad, el diseño gráfico o la educación. Del mismo modo, los modelos de generación de audio permiten sintetizar las voces, crear narraciones, producir efectos sonoros o incluso componer música personalizada. Estas tecnologías posibilitan que cualquier usuario genere contenido visual y auditivo sin necesidad de tener unos conocimientos técnicos avanzados, abriendo nuevas oportunidades en la comunicación, el entretenimiento y la creación de recursos multimedia.

## 4.1. Interacción con la inteligencia artificial mediante texto para obtener imágenes y audios

La interacción con los modelos generativos se realiza principalmente a través de texto, utilizando los *prompts* o instrucciones detalladas que indican al algoritmo el tipo de contenido que debe generar. Estos *prompts* pueden describir un estilo, una escena, un formato, un tono o cualquier característica específica que se desee incorporar, permitiendo obtener resultados visuales o auditivos ajustados a las necesidades. Cuanto más clara y precisa sea la instrucción, mayor será la calidad y la coherencia del contenido generado, lo que convierte al *prompting* en una habilidad esencial para aprovechar las capacidades de estas herramientas creativas basadas en IA.

## 4.2. Transcripción de texto a voz mediante IA. Voces e idiomas

La tecnología de texto a voz (Text-to-Speech) utiliza la IA para convertir un texto escrito en audio con una voz que suena natural y humana, permitiendo escuchar los contenidos en lugar de leerlos, facilitando el acceso a la información en múltiples contextos. Estos sistemas pueden ajustar el tono, la velocidad, la pronunciación y la emoción de la voz, ofreciendo narraciones claras para aplicaciones como asistentes virtuales, audiolibros, herramientas de accesibilidad o lectura de documentos. Gracias a su capacidad para producir voces personalizadas y fluidas, la transcripción de texto a voz mediante IA se ha convertido en una herramienta fundamental tanto para mejorar la experiencia del usuario como para apoyar a las personas con dificultades visuales o de lectura.

### Voces realistas y personalización

Los modelos de transcripción de texto a voz avanzados, como los de *ElevenLabs* o *Google Cloud Text-to-Speech*, ofrecen una amplia gama de voces sintéticas capaces de imitar con gran precisión la entonación, el ritmo y el acento humanos, proporcionando resultados más naturales que las soluciones tradicionales. Estas tecnologías permiten seleccionar los estilos de locución, adaptar los matices emocionales y ajustar los parámetros como la velocidad o la intensidad, lo que facilita la generación de los audios adecuados para las narraciones, para la atención al cliente, los contenidos educativos o los proyectos creativos. Gracias a este nivel de realismo y personalización, la transcripción de texto a voz se ha convertido en una herramienta que mejora la calidad y la accesibilidad de los contenidos sonoros.

*Pantalla de acceso a la herramienta ElevenLabs para generar voces mediante el empleo de IA.*

## Soporte multilingüe

La IA de transcripción de texto a voz soporta distintas voces con una amplia variedad de idiomas y dialectos, lo que facilita la creación de los contenidos de audio, como audiolibros, podcasts o doblajes, adaptándolos a las distintas audiencias globales. Esta diversidad lingüística permite generar narraciones coherentes y culturalmente adecuadas, ampliando el alcance de los proyectos y reduciendo las barreras idiomáticas. Además, la posibilidad de seleccionar voces específicas según el tono, la emoción o el estilo deseado ofrece una gran flexibilidad creativa, haciendo que la generación de contenido sonoro sea más eficiente, accesible y personalizable para los usuarios y profesionales de los distintos sectores.

## 4.3. Generación de canciones mediante IA a partir de instrucciones

La generación de música mediante IA a partir de instrucciones permite crear piezas sonoras originales describiendo en texto el estilo, el ritmo, los instrumentos, la duración o la atmósfera deseada. El usuario puede pedirle a la aplicación, por ejemplo, una melodía tranquila para acompañar a un vídeo, una base rítmica electrónica, una composición orquestal o un efecto sonoro específico, y el modelo interpreta esas indicaciones para producir una pieza coherente con los requisitos. Esta tecnología facilita la creación musical ofreciendo resultados rápidos, personalizables y adecuados para los proyectos creativos, educativos o profesionales.

*Pantalla de acceso a la herramienta Suno para generar música mediante el empleo de IA.*

## 4.4. Generación de imágenes mediante IA a partir de instrucciones

La generación de imágenes mediante IA a partir de instrucciones permite crear ilustraciones, fotografías sintéticas o composiciones artísticas describiendo en texto lo que se desea obtener. El usuario puede indicar distintos elementos como el estilo visual, los colores, la iluminación, el punto de vista o el nivel de realismo, y el modelo interpreta esas indicaciones para producir una imagen coherente con la descripción. Esta forma de creación visual resulta accesible incluso para las personas que carecen de las habilidades técnicas o artísticas necesarias, ya que basta con redactar un *prompt* claro para generar un contenido original y adaptado a los distintos sectores, desde el diseño y la publicidad hasta la educación o el entretenimiento.

*Pantalla de acceso a la herramienta Midjourney para generar imágenes mediante el uso de IA.*

 **SABÍAS QUE...**

El artículo 50 del Reglamento (UE) 2024/1689 sobre Inteligencia Artificial (AI Act) obliga a los proveedores y responsables del uso de sistemas de IA generativa a que identifiquen los contenidos (texto, imagen, audio, vídeo) producidos o manipulados artificialmente, de forma que sean identificables como tales.

Esta obligación de transparencia busca evitar que los contenidos "sintéticos hiperrealistas" se presenten como genuinos, reduciendo los riesgos de desinformación o engaño.

## 4.5. Pautas para acotar y personalizar la información ofrecida por la IA

La capacidad de una inteligencia artificial (IA) para proporcionar información relevante y útil depende en gran medida de la manera en la que se le solicita. A continuación, se presentan una serie de pautas y buenas prácticas para acotar y personalizar las respuestas de la IA, para obtener unos resultados precisos y adaptados a las necesidades específicas.

Estas directrices se centran en el concepto de ingeniería de *prompts,* que es el proceso de diseñar y refinar las instrucciones *(prompts)* que se le dan a la IA. Un *prompt* bien elaborado es clave para desbloquear el verdadero potencial de estas herramientas, convirtiendo las respuestas genéricas en soluciones específicas.

Entre los principios fundamentales para la elaboración de los *prompts* que se deben tener en cuenta destacamos los siguientes.

## Claridad y especificidad

La regla más importante es ser lo más claro y específico posible. Las instrucciones ambiguas o demasiado generales suelen dar lugar a respuestas igualmente vagas. Para evitarlo, es fundamental incluir todos los detalles relevantes que ayuden a la IA a entender el contexto y el objetivo de la solicitud.

 **EJEMPLO**

**Evitar la ambigüedad:** en lugar de "Háblame de coches", prueba con "Crea una tabla comparativa de los tres coches eléctricos con mayor autonomía lanzados en 2025, incluyendo precio, autonomía y potencia".

**Incluir contexto:** en lugar de "Escribe un correo a un cliente", prueba con "Actúa como un gestor de cuentas y escribe un correo electrónico formal a un cliente que no ha pagado su factura, que venció hace 15 días. El importe es de 500 euros".

## Definir el formato de salida

Es crucial indicar a la IA el formato en el que se desea recibir la información. Esto puede incluir tablas, listas, código, resúmenes, correos electrónicos, etc. Especificar el formato ayuda a estructurar la respuesta de una manera que sea directamente útil para el usuario.

 **EJEMPLO**

**Tabla:** *"Crea una tabla con las capitales de los países de la Unión Europea".*

**Lista:** *"Enumera los pasos para instalar Python en un sistema operativo Windows 11".*

**JSON:** *"Genera un objeto JSON que represente a un usuario con los campos nombre, e-mail y edad".*

---

## Asignar un rol o persona

Asignarle un rol a la IA puede mejorar significativamente la calidad y el tono de la respuesta. Al pedirle que actúe como un experto en un campo determinado, un personaje histórico o un profesional específico, se le proporciona un marco de referencia que influye en su estilo y en el contenido que genera.

 **EJEMPLO**

**Experto en *marketing*:** "Actúa como un experto en *marketing* digital y sugiere tres estrategias para aumentar la visibilidad de una nueva tienda *online* de productos ecológicos".

**Profesor de historia:** "Como si fueras un profesor de historia, explica las causas de la Revolución francesa de una manera sencilla para un estudiante de secundaria".

---

## Proporcionar ejemplos

Proporcionar ejemplos concretos de lo que se espera es una de las técnicas más efectivas. Este método, conocido como *few shot prompting,* guía a la IA mostrándole el patrón o la estructura deseada.

 **EJEMPLO**

Traduce las siguientes frases del español al inglés en un tono formal:

**Español:** ¿Podría ayudarme con esto, por favor?
**Inglés:** *Could you please assist me with this?*

---

## Dividir tareas complejas

Para solicitudes complejas, es preferible dividir la tarea en pasos más pequeños y manejables. En lugar de pedirle a la IA que escriba un informe completo de una sola vez, se le puede pedir que primero genere un esquema, luego desarrolle cada sección por separado y, finalmente, redacte una conclusión.

 **TAREA 7**

Trabajas en el departamento de formación de la empresa Tecno Form S. L. y debes preparar un breve texto para introducir una sesión sobre ciberseguridad básica dirigida al personal administrativo que no tiene conocimientos técnicos. Quieres usar una herramienta de IA para generar un primer borrador, pero tu responsable te recuerda que es imprescindible acotar bien la petición y personalizar la información para que:

- No sea demasiado técnica.
- Se adapte al perfil del público.
- Tenga la longitud adecuada.
- Use un tono claro y cercano.
- No incluya información irrelevante o excesiva.

A partir de esta situación, realiza las siguientes tareas:

1. Redacta un primer mensaje *(prompt)* poco acotado, tal y como lo haría alguien que no sigue buenas prácticas.

*Continúa en página siguiente >>*

*<< Viene de página anterior*

2. A partir de ese ejemplo, reescribe el *prompt* aplicando las pautas de acotación y personalización, indicando:

   · Tema concreto
   · Público destinatario
   · Extensión aproximada
   · Tono deseado
   · Formato de respuesta

3. Explica brevemente por qué el segundo *prompt* generará una respuesta más útil que el primero.
4. Indica dos riesgos de no acotar bien la información cuando se utiliza la IA (por ejemplo, respuestas confusas, demasiado extensas, poco ajustadas al contexto, etc.).

## 4.6. Técnicas avanzadas de personalización

Las técnicas avanzadas de personalización permiten adaptar de forma precisa los resultados generados por los sistemas de IA, ofreciendo un control profundo sobre los estilos, estructuras, tonos y características específicas del contenido multimedia. Entre estas técnicas se incluyen el uso de *prompts* detallados y jerárquicos, la incorporación de referencias visuales o sonoras, el empleo de palabras clave que orientan el estilo y la utilización de los parámetros avanzados que ajusten aspectos como la iluminación, el encuadre, la emoción o el ritmo. También es posible recurrir a modelos afinados o entrenados con datos personalizados para obtener unos resultados coherentes con una identidad visual o sonora concreta. Gracias a estas estrategias, el usuario puede orientar la creatividad de la IA hacia soluciones especializadas, logrando producciones fieles a su visión y adecuadas para los contextos profesionales exigentes.

Entre los aspectos que se deben tener en cuenta en la personalización se encuentran:

◔ **Ajuste del tono y estilo:** se puede instruir a la IA para que adopte un tono específico (formal, informal, humorístico, técnico, etc.) y un estilo de escritura particular. Esto es especialmente útil para la creación de contenido que debe alinearse con una marca o una audiencia específica. Por ejemplo: "Escribe un *post* para promocionar un nuevo café de especialidad. Utiliza un tono entusiasta y cercano, e incluye un emoji".

⮞ **Iteración y refinamiento:** no siempre se obtiene la respuesta perfecta en el primer intento. Es importante considerar la interacción con la IA como un diálogo. Si la respuesta inicial no es la adecuada, se puede refinar la pregunta, añadir más contexto o corregir a la IA para guiarla hacia el resultado deseado. Por ejemplo, si la IA genera una respuesta demasiado técnica, se le puede decir: "Explica esto de una manera más sencilla, como si se lo estuvieras contando a alguien que no tiene conocimientos previos sobre el tema".

⮞ **Delimitar la longitud de la respuesta:** para controlar la extensión de la respuesta, se pueden incluir restricciones explícitas en el *prompt,* como "en no más de 100 palabras", "en un solo párrafo" o "en tres puntos clave".

Dominar la ingeniería de *prompts* es esencial para maximizar la utilidad de las herramientas de inteligencia artificial. Al aplicar estas pautas, los usuarios pueden pasar de ser meros receptores de información a dirigir activamente a la IA para que genere respuestas precisas, personalizadas y útiles. La clave reside en la experimentación, la iteración y el enfoque metódico para la construcción de las solicitudes.

# 5. Seguridad y protección de datos en el uso de la IA

## ☞ HILO CONDUCTOR

Mientras utilizan las distintas herramientas de IA, Susana se preocupa por la información que introducen en los sistemas y se pregunta cómo se almacenan y procesan sus datos. Julen, tras leer sobre brechas de seguridad y ataques a modelos de IA, entiende la necesidad de utilizar estas tecnologías de manera responsable. Juntos han decidido investigar los riesgos asociados a los algoritmos y descubren la importancia de cumplir las normas de privacidad y aplicar las buenas prácticas digitales.

A medida que profundicen, aprenderán a identificar los peligros del uso de la IA, como las alucinaciones, los sesgos o la exposición de datos sensibles. También adoptarán las medidas básicas como revisar las fuentes, minimizar la información personal compartida y empleo de servicios confiables. Esta reflexión les permitirá integrar la seguridad como un pilar fundamental en su aprendizaje y empleo de la inteligencia artificial.

La inteligencia artificial (IA) ha irrumpido en prácticamente todos los sectores. Sin embargo, su adopción conlleva una serie de desafíos en materia de seguridad y protección de datos. La naturaleza de los sistemas de IA, que dependen de grandes volúmenes de datos para su entrenamiento y operación los convierte en objetivos atractivos y en puntos de vulnerabilidad para la información sensible.

Abordar estos riesgos, además de ser una cuestión técnica, también es una cuestión ética y legal. La protección de los datos personales y la integridad de los sistemas de IA son aspectos fundamentales para mantener la confianza del usuario y garantizar el cumplimiento normativo, especialmente en las áreas con regulaciones específicas como el Reglamento General de Protección de Datos (RGPD) de la Unión Europea o la Ley de Protección de Datos Personales y Garantía de los Derechos Digitales (LOPDGDD) en España.

## 5.1. Control de acceso a datos privados y sensibles

En el entorno digital actual, la protección de los **datos privados y sensibles** (como la información de identificación personal o PII, los datos financieros y los registros sanitarios) es un desafío constante. Los métodos de control de acceso tradicionales, como las contraseñas estáticas o el control de acceso basado en roles (RBAC) rígido, a menudo resultan insuficientes frente a unas amenazas cada vez más sofisticadas. Estos sistemas carecen de la capacidad de adaptarse al contexto en tiempo real, lo que puede provocar que necesiten permisos excesivos o que carezcan de la capacidad de detectar el comportamiento anómalo de un usuario legítimo cuya cuenta ha sido comprometida.

La inteligencia artificial (IA) emerge como una capa de seguridad dinámica y predictiva, capaz de superar las limitaciones de los sistemas estáticos. Al aplicar los algoritmos de *Machine Learning* y el análisis del comportamiento, la IA puede evaluar el riesgo en tiempo real y ajustar los permisos de acceso de forma dinámica. Esto transforma el control de acceso de un proceso binario (permitir/denegar) a un sistema continuo y adaptativo, esencial para implementar arquitecturas de seguridad modernas como el modelo de Confianza Cero (*Zero Trust*).

La IA permite ir más allá de la autenticación inicial (*login*) para establecer una **autenticación continua.** Esto se logra mediante el análisis de la biometría comportamental, que incluye:

**Patrones de tecleo**
- La velocidad, ritmo y errores típicos de un usuario al escribir.

**Movimiento del ratón y *scroll***
- La forma única en la que un usuario interactúa con la interfaz.

**Ubicación y hora de acceso**
- La correlación entre la ubicación geográfica y el horario habitual de trabajo.

Si el comportamiento de un usuario autenticado se desvía significativamente del habitual, la IA puede solicitar una reautenticación o reducir automáticamente sus privilegios de acceso, mitigando el riesgo de accesos no permitidos.

Los modelos de *Machine Learning* son entrenados para establecer una base del comportamiento normal de todos los usuarios y sistemas. Cualquier desviación de esta norma se marca como una anomalía potencial. Las anomalías más habituales son:

- **Acceso inusual:** un usuario accede a un recurso sensible a una hora o desde una ubicación geográfica que nunca había utilizado.
- **Descarga masiva de datos:** un empleado comienza a descargar una cantidad de archivos significativamente mayor a su promedio diario.
- **Uso de recursos inapropiados:** un usuario intenta acceder a un servidor o base de datos que no está relacionado con sus tareas habituales.

 **SABÍAS QUE...**

La IA asigna un puntaje de riesgo a cada sesión. Si el puntaje supera un umbral predefinido, el sistema de control de acceso puede tomar medidas automáticas, como bloquear la sesión, forzar la autenticación multifactor (MFA) o alertar al equipo de seguridad.

## Control de acceso basado en atributos (ABAC)

El control de acceso basado en atributos define los permisos de acceso ba-sándose en distintos atributos del usuario, el recurso que esté utilizando, el entorno y la acción que esté llevando a cabo. La IA facilita la gestión de las políticas ABAC, que son inherentemente complejas, al:

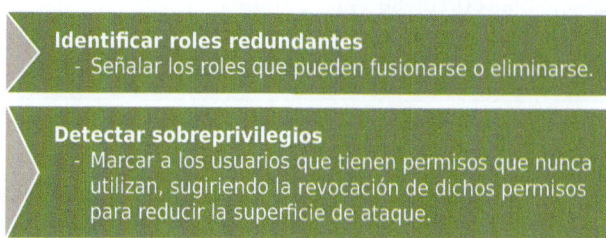

| Evaluar la política | - La IA puede procesar la gran cantidad de variables de los atributos en milisegundos para determinar si se debe permitir el acceso. |
| Sugerir políticas | - Analiza los patrones de acceso para recomendar nuevas reglas ABAC que refuercen el principio de mínimo privilegio. |

## Optimización de roles (RBAC)

En las grandes empresas y organizaciones, la gestión manual de los roles a menudo conduce a la acumulación de privilegios innecesarios *(privilege creep)*. La IA puede analizar el uso real de los permisos por parte de los usuarios y así:

**Identificar roles redundantes**
- Señalar los roles que pueden fusionarse o eliminarse.

**Detectar sobreprivilegios**
- Marcar a los usuarios que tienen permisos que nunca utilizan, sugiriendo la revocación de dichos permisos para reducir la superficie de ataque.

## Desafíos y consideraciones éticas

La implementación de la IA en el control de acceso a la información debe abordar desafíos críticos relacionados con la ética y la privacidad. Entre es-tos desafíos destacan los siguientes:

- **Privacidad y monitorización:** el análisis continuo del comportamiento del usuario puede percibirse como una invasión de la privacidad.

**Mitigación:** implementar políticas claras de uso y anonimizar los datos de comportamiento siempre que sea posible.

- **Sesgo algorítmico:** si los datos de entrenamiento contienen sesgos, el modelo de IA podría denegar el acceso o asignar un puntaje de riesgo más alto a ciertos grupos de usuarios de forma injusta.
  **Mitigación:** auditoría constante de los modelos y uso de conjuntos de datos de entrenamiento diversos y equilibrados.
- **Ataques adversarios:** los atacantes pueden intentar manipular los datos de entrada para engañar al modelo de IA y obtener acceso.
  **Mitigación:** uso de modelos robustos y técnicas de detección de manipulación de datos.

Para aprovechar los beneficios de la IA en el control de acceso, se recomienda seguir estas buenas prácticas:

- **Transparencia y auditoría:** documentar y auditar las decisiones tomadas por la IA. Los usuarios y los administradores deben poder entender por qué se denegó o se limitó un acceso.
- **Integración con sistemas de gestión de identidad y acceso:** la IA debe integrarse perfectamente con los sistemas de gestión de identidad y acceso (IAM) existentes para que sus decisiones dinámicas se apliquen de manera efectiva a las políticas de la organización.
- **Privacidad por diseño:** utilizar técnicas que protejan la privacidad de los datos de comportamiento, como el aprendizaje federado, donde los modelos se entrenan localmente en los dispositivos sin compartir los datos sensibles con un servidor central.

## 5.2. Enmascaramiento de datos (DNI, números de cuenta, etc.)

El enmascaramiento de datos *(Data Masking)* es una técnica de seguridad esencial cuyo objetivo principal es crear una versión estructuralmente auténtica, pero funcionalmente falsa, de los datos sensibles. Esta práctica es crucial para proteger la información confidencial en los entornos en los que no se requiere el dato real, como los ambientes de desarrollo, pruebas de calidad o análisis. Al reemplazar los datos sensibles (como DNI, números de cuenta bancaria, números de tarjetas de crédito o direcciones de correo electrónico) con valores ficticios, se garantiza que las aplicaciones puedan ser probadas y desarrolladas sin exponer la información real a personal no autorizado o a riesgos de fuga.

La relevancia del enmascaramiento se ha disparado con la entrada en vigor de regulaciones como el Reglamento General de Protección de Datos (RGPD) en Europa, la Ley Orgánica de Protección de Datos Personales y Garantía de los Derechos Digitales de España (LOPDGDD) o la Ley de Portabilidad y Responsabilidad del Seguro Médico (HIPAA) en Estados Unidos. Estas normativas exigen medidas robustas para proteger la información de identificación personal (PII), haciendo del enmascaramiento una herramienta fundamental para el cumplimiento legal y la mitigación de riesgos de seguridad.

El enmascaramiento de datos se clasifica generalmente en dos categorías principales, dependiendo de cuándo y cómo se aplica la transformación:

➲ **Enmascaramiento estático (Static Data Masking - SDM):** el SDM se aplica a una copia de la base de datos de producción antes de que se mueva a un entorno no productivo. El dato original se reemplaza permanentemente en la copia. Se utilizan las siguientes técnicas:

  ◑ **Sustitución:** reemplaza el dato sensible con un valor realista pero completamente falso (ej.: un nombre de una lista predefinida). Reemplazar el nombre real de un cliente por "Juan Pérez" en el entorno de pruebas.

➲ **Barajado *(shuffling)*:** mueve los datos sensibles dentro de la misma columna, manteniendo la distribución estadística pero rompiendo la asociación con el registro original. Intercambiar los números de cuenta entre diferentes registros de clientes.
➲ **Cifrado unidireccional *(hashing)*:** aplica una función criptográfica irreversible. El dato enmascarado no puede revertirse al original, pero el *hash* es consistente. Aplicar *hashing* al DNI para que el sistema pueda verificar la unicidad sin conocer el número real.

## Enmascaramiento dinámico (Dynamic Data Masking - DDM)

El DDM se aplica en tiempo real, a nivel de aplicación o base de datos, cuando un usuario solicita el dato. El dato original permanece inalterado en la base de datos, pero la vista que recibe el usuario está enmascarada.

El propósito es proteger los datos en los entornos de producción o cuando se accede a los datos sensibles desde las aplicaciones con bajo privilegio.

 **EJEMPLO**

Un agente de soporte solo ve los últimos cuatro dígitos de un número de tarjeta de crédito, mientras que el número completo permanece en la base de datos.

## El rol de la inteligencia artificial en el enmascaramiento

La IA es fundamental para automatizar y refinar el proceso de enmascaramiento, especialmente en los entornos de datos complejos y en constante crecimiento.

Gracias al empleo de las técnicas de aprendizaje automático (*Machine Learning*) y del procesamiento del lenguaje natural (NLP), puede escanear automáticamente grandes volúmenes de datos, incluyendo documentos no estructurados (correos electrónicos, *logs,* informes) para identificar y clasificar patrones de datos sensibles.

 **EJEMPLO**

*Detección de patrones:* los modelos de IA pueden aprender a reconocer formatos específicos (ej.: el patrón de un IBAN, la estructura de un DNI/NIF) con más precisión.

*Clasificación de sensibilidad:* la IA etiqueta el dato con un nivel de sensibilidad (ej.: "Público", "Confidencial", "Altamente restringido") para que el sistema aplique la técnica de enmascaramiento más adecuada a cada caso.

La IA lleva el enmascaramiento a un nivel superior al introducir el contexto en la decisión de enmascarar. En lugar de aplicar una regla fija, la IA evalúa múltiples factores en tiempo real:

- **Rol y permisos del usuario:** si el usuario es un desarrollador, se enmascara; si es un administrador de la base de datos, se le permite el acceso.
- **Ubicación geográfica:** si el acceso proviene de una región de alto riesgo o fuera del país de origen, se aplica un enmascaramiento más estricto.

➲ **Puntaje de riesgo de la sesión:** si el sistema de control de acceso basado en IA (ABAC) detecta un comportamiento anómalo, se enmascara el dato sensible, incluso si el usuario tiene permisos teóricos.

---

## Buenas prácticas y consideraciones para implementar el enmascaramiento de datos

Para una implementación exitosa del enmascaramiento de los datos, es fundamental considerar la funcionalidad y la seguridad, para lo que se recomienda seguir las siguientes buenas prácticas:

➲ **Preservación de la integridad y la coherencia:** los datos enmascarados deben mantener el formato y la coherencia referencial. Por ejemplo, si un número de cuenta se enmascara en una tabla, debe enmascararse con el mismo valor ficticio en todas las tablas relacionadas para que las pruebas de la aplicación sigan siendo válidas.
➲ **Irreversibilidad para los entornos de pruebas:** para el SDM, se deben priorizar las técnicas irreversibles (sustitución, *hashing*) para garantizar que el dato original no pueda ser recuperado en ninguna circunstancia.
➲ **Auditoría y trazabilidad:** mantener un registro detallado de todas las operaciones de enmascaramiento y, en el caso del DDM, auditar quién accedió a los datos originales y cuándo, para asegurar la rendición de cuentas.
➲ **Integración con Data Governance:** el enmascaramiento debe ser parte de una estrategia más amplia de gobierno de datos, asegurando que la clasificación de la sensibilidad (a menudo asistida por IA) sea consistente en toda la empresa.

---

## 5.3. Sesgos de datos en la IA según su entrenamiento

La inteligencia artificial, especialmente los modelos de *Machine Learning*, aprende a tomar decisiones y a generar contenido a partir de los datos con los que se le entrena. El sesgo algorítmico surge cuando estos datos de entrenamiento no son neutrales, sino que reflejan y perpetúan prejuicios, desigualdades o representaciones históricamente sesgadas de la sociedad. Este fenómeno se resume a menudo con el principio de "Basura entra, basura sale"; si los datos de entrada están sesgados, el modelo de IA resultante estará inevitablemente sesgado.

# DEFINICIÓN

### *Garbage In, Garbage Out* - GIGO

Si los datos de entrada son incorrectos, incompletos, sesgados o de baja calidad *(garbage in)*, el sistema producirá resultados erróneos, imprecisos o poco fiables *(garbage out)*.

---

Se debe entender que la IA no es inherentemente imparcial; más bien, actúa como un espejo que amplifica los sesgos existentes en la información que consume. Un modelo entrenado con datos históricos que favorecen a un grupo demográfico sobre otro, por ejemplo, replicará esa discriminación en sus predicciones futuras. Por lo tanto, el estudio y la mitigación de los sesgos de datos son aspectos fundamentales para garantizar que los sistemas de IA sean justos, equitativos y éticos.

## Tipos de sesgos de datos

Los sesgos pueden infiltrarse en el ciclo de vida de la IA en múltiples etapas, pero su origen más común reside en la composición y en la recopilación de los datos. Los sesgos más habituales son:

- **Sesgo de muestreo:** el conjunto de datos no es representativo de la población real a la que se aplicará el modelo (ej.: falta de diversidad geográfica o demográfica). Por ejemplo, un modelo de lenguaje asocia consistentemente la palabra "enfermera" con pronombres femeninos e "ingeniero" con pronombres masculinos, perpetuando roles de género.
- **Sesgo de asociación:** el modelo aprende y refuerza estereotipos culturales o sociales presentes en los datos. Por ejemplo, un modelo de lenguaje asocia consistentemente la palabra "enfermera" con pronombres femeninos e "ingeniero" con pronombres masculinos, perpetuando roles de género.
- **Sesgo de interacción:** el sesgo se introduce por la forma en que los usuarios interactúan con el sistema, creando un bucle de retroalimentación sesgado. Por ejemplo, un sistema de recomendación que inicialmente favorece un tipo de contenido sobre otro, haciendo que los usuarios solo vean ese contenido y reforzando el sesgo original.
- **Sesgo histórico:** los datos reflejan desigualdades sociales o históricas que el modelo aprende como "normales". Por ejemplo, un sistema de aprobación de préstamos que utiliza datos históricos donde ciertos barrios o grupos han sido sistemáticamente excluidos, replicando esa exclusión en las nuevas decisiones.

Las consecuencias de los sesgos de datos se manifiestan más gravemente en los sistemas de IA que toman decisiones con un alto impacto social o económico, como son:

⮑ **Sistemas de contratación y recursos humanos:** modelos diseñados para preseleccionar currículums pueden descartar automáticamente a candidatos basándose en factores irrelevantes o discriminatorios (como la universidad de procedencia o el género), simplemente porque los datos históricos de contratación reflejaban esos sesgos.

⮑ **Sistemas de justicia penal:** herramientas predictivas de reincidencia pueden asignar puntajes de riesgo más altos a individuos de ciertos grupos minoritarios, llevando a sentencias más duras o a una vigilancia policial desproporcionada.

⮑ **Sistemas de salud y diagnóstico:** si los datos de entrenamiento de un modelo de diagnóstico médico no incluyen suficientes casos de ciertos grupos demográficos, el modelo puede ofrecer diagnósticos menos precisos o tardíos para esos grupos, afectando la calidad de la atención sanitaria.

⮑ **Modelos de lenguaje (LLM):** la generación de contenido puede ser estereotipada, ofensiva o inexacta, lo que afecta la confianza y la utilidad de la herramienta en contextos sensibles.

## Estrategias de mitigación y gobernanza

La mitigación de los sesgos requiere de un enfoque multifacético que abarque las siguientes etapas:

⮑ **Mitigación en la fase de datos:** la primera línea de defensa es la auditoría y la curación de los conjuntos de datos:

○ **Auditoría de representatividad:** analizar los datos para identificar subrepresentaciones o sobrerrepresentaciones de grupos.

○ **Equilibrio de clases:** utilizar técnicas de sobremuestreo (duplicar datos de grupos subrepresentados) o submuestreo (reducir datos de grupos sobrerrepresentados) para crear un conjunto de entrenamiento más equitativo.

○ **Anonimización y eliminación de atributos sensibles:** eliminar o enmascarar atributos que no son necesarios para la tarea pero que pueden introducir sesgos (ej.: raza, género, código postal).

⮑ **Mitigación en la fase de modelado:** una vez que los datos están listos, se aplican técnicas algorítmicas:

- **Métricas de equidad (Fairness Metrics):** en lugar de centrarse únicamente en la precisión general, se utilizan métricas que evalúan el rendimiento del modelo en diferentes subgrupos (ej.: paridad demográfica, igualdad de oportunidades).
- **Técnicas de des-sesgo (De-biasing):** algoritmos que ajustan el modelo durante el entrenamiento para reducir la influencia de los atributos sesgados.

## RECUERDA

La lucha contra el sesgo en la IA es un proceso continuo que requiere de una vigilancia constante y de un compromiso ético para asegurar que la tecnología sirva a la sociedad de forma justa.

## 5.4. Contraste de resultados ofrecidos por la IA

La inteligencia artificial, especialmente los modelos de lenguaje largos (LLM), ha demostrado una gran capacidad para generar texto coherente, estructurar los datos y sintetizar la información compleja. Sin embargo, el usuario debe adoptar una perspectiva crítica: la IA es una **herramienta de generación y síntesis,** no una fuente de verdad definitiva. La información que produce es una predicción estadística basada en patrones aprendidos, no una recuperación directa de hechos verificados.

El principal riesgo asociado a esta tecnología es la "alucinación", un término que describe la tendencia de la IA a generar información que suena plausible y autoritaria, pero que es total o parcialmente falsa, inventada o incorrecta. Dado que la IA no tiene conciencia de la verdad fáctica, sino solo de la coherencia lingüística, la verificación y el contraste humano de los resultados se convierten en un aspecto ineludible, especialmente cuando la información generada se utiliza para tomar decisiones críticas o se presenta como un hecho.

La necesidad de contrastar los resultados de la IA se basa en las siguientes limitaciones de los modelos actuales:

- **Alucinaciones:** generación de hechos, citas o referencias falsas con un alto grado de confianza. El usuario puede difundir información errónea o tomar decisiones basadas en premisas falsas.

- **Datos desactualizados:** el conocimiento del modelo está limitado a su fecha de corte de entrenamiento. La información sobre eventos recientes, regulaciones o tendencias de mercado puede ser obsoleta.
- **Sesgos y estereotipos:** la IA puede replicar sesgos presentes en sus datos de entrenamiento, llevando a conclusiones injustas o incompletas. El análisis o la explicación generada puede ser discriminatoria o carecer de una perspectiva equilibrada.
- **Falta de contexto específico:** la IA no conoce el contexto interno de la organización o la aplicación específica del usuario. La solución o el código generado puede ser técnicamente correcto, pero inaplicable o ineficiente en el entorno del usuario.

El contraste de los resultados debe ser un proceso sistemático que utilice herramientas externas junto con el juicio crítico del usuario, para lo que se pueden usar los métodos que se analizan a continuación.

## Verificación cruzada de fuentes

Este es el método más directo para validar la información fáctica. Consiste en utilizar el resultado de la IA como punto de partida para una búsqueda tradicional, para lo cual el usuario se puede apoyar en:

- **Motores de búsqueda:** utilizar los términos clave proporcionados por la IA para buscar la misma información en fuentes externas y de confianza (ej.: sitios web gubernamentales, publicaciones académicas, medios de comunicación de prestigio).
- **Bases de datos especializadas:** para datos técnicos, legales o científicos, consultar bases de datos específicas (ej.: bases de datos de patentes, repositorios de papers científicos, textos legales oficiales).
- **Verificación de citas:** si la IA proporciona referencias o citas, el usuario debe buscar la fuente original para confirmar que la cita es real y que el contenido generado por la IA no ha sido malinterpretado o sacado de contexto.

## Verificación lógica y de coherencia

Este método se basa en el conocimiento y en la experiencia del usuario para evaluar la plausibilidad del resultado, para lo que analiza los siguientes aspectos:

- **Coherencia interna:** comprobar si las diferentes partes de la respuesta de la IA se contradicen entre sí.

⊃ **Plausibilidad:** evaluar si la conclusión o el dato proporcionado es razonable a la luz del conocimiento general o de la experiencia profesional del usuario.

⊃ **Verificación de datos estructurados:** si la IA proporciona datos numéricos o estadísticos, el usuario debe verificar la metodología y, si es posible, realizar un cálculo simple o una comparación con un punto de referencia conocido.

*La inteligencia artificial avanza a un ritmo rápido, por lo que la legislación debe tratar de adaptarse a estos cambios a la misma velocidad.*

 **APLICACIÓN PRÁCTICA**

**El centro Digital Learning Center está implementando herramientas de inteligencia artificial para apoyar la redacción de los trabajos, buscar la información y generar ejemplos para las clases. En las últimas semanas, el profesorado ha detectado varios problemas:**

- **Algunos alumnos entregaron contenidos inventados por la IA que parecían correctos.**
- **Otros presentaron datos incorrectos o antiguos.**
- **En ejercicios de análisis social aparecieron respuestas con estereotipos claros.**
- **Y en varios casos, la IA respondió de forma imprecisa porque los estudiantes formularon instrucciones vagas.**

**La dirección quiere actuar de inmediato y te pide que identifiques la medida inicial más adecuada para reducir estos riesgos y mejorar el uso académico de la IA. ¿Qué paso debería dar la empresa en primer lugar?**

*Continúa en página siguiente >>*

*<< Viene de página anterior*

a. **Indicar al alumnado que confíe plenamente en las respuestas de la IA, ya que siempre están verificadas.**
b. **Bloquear completamente el uso de la IA para evitar errores, aunque afecte al aprendizaje de competencias digitales.**
c. **Formar al alumnado en buenas prácticas: cómo aportar contexto, cómo verificar resultados, cómo detectar sesgos y cómo identificar posibles alucinaciones o datos desactualizados.**
d. **Pedir al profesorado que ignore los fallos de la IA siempre que el estudiante entregue el trabajo a tiempo.**

**Solución**

La opción c. Formar al alumnado en buenas prácticas: cómo aportar contexto, cómo verificar resultados, cómo detectar sesgos y cómo identificar posibles alucinaciones o datos desactualizados. La solución adecuada es enseñarles a los usuarios a interactuar correctamente con la IA: verificar las fuentes, aportar detalles, detectar inconsistencias y evitar aceptar la primera respuesta sin análisis.

---

# 6. Resumen

La inteligencia artificial se integra en la mayoría de los dispositivos personales mediante las aplicaciones accesibles que permiten consultar información, automatizar las tareas y crear contenido sin necesidad de disponer de conocimientos técnicos avanzados. Tanto los ordenadores como los teléfonos móviles ofrecen interfaces intuitivas que facilitan la interacción con los asistentes virtuales, modelos generativos y sistemas de recomendación. La conexión a internet y el uso de las aplicaciones adaptadas a cada dispositivo hacen posible aprovechar las funciones inteligentes que operan en segundo plano.

Los principales tipos de inteligencia artificial de uso general son:

| Modelos generativos multimodales | Sistemas predictivos | IA conversacional | Motores de recomendación |

La interacción con los modelos de inteligencia artificial puede realizarse mediante el texto o mediante la voz, lo que facilita una comunicación natural y adaptable a los distintos contextos. Las consultas escritas facilitan la precisión y el detalle, favoreciendo la generación de documentos, la resolución de las dudas complejas y la elaboración de instrucciones estructuradas. Por otro lado, la interacción oral destaca por su rapidez y comodidad, ideal para las acciones inmediatas como configurar los recordatorios, obtener información o ejecutar instrucciones simples.

Ambas modalidades se complementan, ya que permiten ajustar el tipo de comunicación según la tarea que realizar. Los modelos conversacionales comprenden el lenguaje natural y ejecutan las acciones sin necesidad del empleo de comandos técnicos, lo que simplifica el acceso a la información, la gestión cotidiana y el uso de servicios digitales. Esta flexibilidad contribuye a que la IA se integre de manera fluida en las diferentes actividades personales y profesionales.

Las etapas para lograr una respuesta correcta por la IA son:

Las herramientas generativas permiten producir imágenes y audios a partir de instrucciones textuales, describiendo los elementos como el estilo, la iluminación, el tono, los instrumentos o el entorno. Estos sistemas generan ilustraciones, composiciones artísticas, narraciones sonoras o música personalizada, adaptándose a las necesidades creativas, educativas o profesionales. Su funcionamiento elimina las barreras técnicas, ya que basta con redactar *prompts* claros para obtener resultados coherentes y ajustados al objetivo.

Entre los principios fundamentales para la elaboración de los *prompts* que se deben tener en cuenta:

La seguridad y la protección de datos en el uso de la inteligencia artificial son esenciales debido al volumen de información sensible que estos sistemas procesan. El empleo cotidiano de la IA expone a los datos y a las personas a riesgos como los accesos no autorizados, las filtraciones, los sesgos y las alucinaciones, lo que exige su uso responsable y el cumplimiento de normativas como el RGPD o la LOPDGDD. La IA también puede mejorar la seguridad mediante mecanismos como la autenticación continua, la detección de anomalías o el análisis del comportamiento, reforzando así el control de acceso frente a amenazas avanzadas.

No obstante, esta dependencia del dato introduce nuevos desafíos como la necesidad de enmascarar la información sensible y evitar los sesgos en los conjuntos de entrenamiento, ya que un dato incorrecto genera resultados poco fiables. Además, los usuarios deben contrastar la información generada por la IA, puesto que los modelos pueden producir contenido plausible pero incorrecto.

# Ejercicios de autoevaluación
# Unidad de Aprendizaje 2

1. **Determina si las siguientes afirmaciones son verdaderas o falsas:**

    a. La inteligencia artificial permite interactuar con los sistemas digitales utilizando lenguaje natural, tanto escrito como oral.

    - ■ Verdadero
    - ■ Falso

    b. La IA nunca produce errores ni información falsa ("alucinaciones").

    - ■ Verdadero
    - ■ Falso

    c. Los sistemas de NLP son capaces de interpretar, analizar y generar texto similar al humano.

    - ■ Verdadero
    - ■ Falso

    d. Los modelos de inteligencia artificial siempre generan respuestas correctas y verificadas, por lo que no es necesario contrastar la información que proporcionan.

    - ■ Verdadero
    - ■ Falso

2. **¿Qué tecnología permite a las máquinas comprender el lenguaje humano?**

    a. *Blockchain*
    b. *Machine Learning*
    c. NLP – Procesamiento del Lenguaje Natural
    d. Realidad virtual

3. **¿Cuál es la función principal del aprendizaje automático?**

    a. Analizar datos para detectar patrones y hacer predicciones
    b. Crear virus informáticos

c. Duplicar archivos

d. Navegar por Internet

### 4. Un ejemplo real de aplicación del aprendizaje automático es...

a. ... el desbloqueo facial de un móvil.

b. ... un libro impreso.

c. ... un *pendrive*.

d. ... una calculadora.

### 5. ¿Qué son los modelos generativos?

a. Antivirus

b. Bases de datos

c. Plataformas de correo

d. Sistemas que crean contenido a partir de instrucciones textuales o multimodales

### 6. ¿Qué riesgo presentan los sistemas de IA?

a. Eliminan la necesidad de verificar información.

b. No requieren datos para funcionar.

c. Pueden generar sesgos y errores ("alucinaciones").

d. Siempre aciertan.

### 7. ¿Qué es un sesgo algorítmico?

a. Un error de conexión.

b. Un fallo físico del ordenador.

c. Un tipo de contraseña.

d. Una tendencia injusta heredada de los datos con los que se
entrenó el modelo.

### 8. ¿Qué es la privacidad diferencial?

a. Una técnica que añade ruido para proteger datos personales
durante el análisis y entrenamiento de modelos IA

b. Una app de mensajería

c. Un método de edición de imagen

d. Un antivirus avanzado

**9. ¿Qué regla es clave en el *prompting*?**

    a. Usar frases muy cortas
    b. Ser claro y específico en la instrucción dada a la IA
    c. Ser ambiguo
    d. No dar contexto

**10. ¿Por qué es esencial la seguridad en el uso de la inteligencia artificial?**

    a. Porque facilita el desarrollo de nuevos dispositivos.
    b. Porque la IA procesa grandes volúmenes de datos sensibles.
    c. Porque reduce el coste de almacenamiento.
    d. Porque evita la necesidad de normativas.

# Glosario

### Accesibilidad digital
Conjunto de prácticas y tecnologías que permiten que los contenidos y herramientas digitales puedan ser utilizados por cualquier persona, incluidas aquellas con limitaciones funcionales.

### Acceso multiplataforma
Posibilidad de utilizar la inteligencia artificial desde distintos dispositivos y contextos, garantizando una experiencia fluida y continua.

### Algoritmo
Conjunto de instrucciones lógicas que permiten a la IA analizar datos, detectar patrones y tomar decisiones.

### Almacenamiento en la nube
Servicio que permite guardar archivos en servidores remotos accesibles desde internet, facilitando la disponibilidad y sincronización de documentos.

### Alucinaciones (IA)
Situación en la que la IA genera información incorrecta pero con apariencia de verosimilitud.

### Análisis sintáctico (NLP)
Proceso mediante el cual la IA analiza la estructura gramatical de una oración para comprender relaciones entre palabras.

### Animación (Entrada/Énfasis/Salida)
Tipos de efectos aplicados a elementos de diapositivas para mostrarlos, destacarlos o retirarlos progresivamente.

### Aprendizaje automático (*Machine Learning* - ML)
Enfoque de la IA que permite analizar grandes volúmenes de datos, identificar patrones y generar predicciones o recomendaciones.

### Asistente virtual
Programa basado en IA capaz de responder preguntas, ejecutar tareas y automatizar procesos mediante lenguaje natural.

### Barra de herramientas de acceso rápido
Elemento de los procesadores de texto que permite acceder de forma inmediata a funciones frecuentes como guardar, deshacer o rehacer.

### Chatbot
Agente conversacional que utiliza IA para interactuar con usuarios mediante texto o voz, automatizando respuestas y tareas.

### Codificación OCR
Técnica que permite reconocer texto en imágenes o documentos escaneados para convertirlos en texto editable.

### Competencia digital
Conjunto de habilidades necesarias para usar dispositivos, *software* e internet de forma segura, crítica y productiva.

### Computación contextualizada
Capacidad de la IA para interpretar las consultas humanas más allá de palabras clave, integrando intención, contexto y significado.

### Contenido creativo/profesional/académico
Clasificación del contenido generado según su tipo: narrativo, formal o educativo.

### Contraste de información
Proceso de validar los resultados de la IA utilizando fuentes externas confiables o comprobaciones lógicas.

### Corrector ortográfico
Herramienta integrada en procesadores de texto o sistemas de IA que detecta errores ortográficos y gramaticales.

### Datos desactualizados
Limitación derivada de modelos entrenados con información que no se actualiza en tiempo real.

### Datos personales (RGPD)
Información que permite identificar directa o indirectamente a una persona, como nombre, correo, dirección o identificadores únicos.

### Diseño de *prompts*
Habilidad para redactar instrucciones claras, específicas y estructuradas para obtener mejores resultados de la IA.

### Documento PDF
Formato de archivo que conserva el diseño original de un documento y permite su visualización sin alteraciones entre dispositivos.

### Encabezados y pies de página
Elementos del procesador de texto que permiten añadir información repetida en cada página, como títulos, números de página o nombres de autor.

### Enmascaramiento de datos
Técnicas destinadas a proteger la privacidad sustituyendo información sensible para evitar identificaciones.

### Errores sistemáticos de IA
Resultados incorrectos derivados de malas instrucciones, sesgos o datos de entrenamiento deficientes.

### Escalado de impresión
Ajuste que permite adaptar el contenido de una hoja de cálculo al tamaño del papel al imprimir.

### Formato condicional
Función de las hojas de cálculo que aplica colores o estilos automáticamente según criterios, permitiendo destacar información relevante.

### Formato de salida
Estructura solicitada para la respuesta de la IA (tabla, lista, código, etc.).

### *Garbage In - Garbage Out* (GIGO)
Principio según el cual datos de mala calidad generan resultados imprecisos o erróneos en la IA.

### Gestión de la privacidad
Acciones orientadas a proteger los datos personales en entornos digitales, siguiendo normas como el RGPD.

### Gráficos
Representaciones visuales de datos utilizadas en hojas de cálculo para facilitar la interpretación numérica.

### IA conversacional
Aplicación de inteligencia artificial centrada en interpretar y generar lenguaje para interactuar de forma natural con las personas.

### IA generativa
Modelos capaces de crear contenido original como texto, imágenes, audio o video basándose en datos de entrenamiento.

### Interacción oral/escrita
Modalidades de comunicación con la IA, cada una con ventajas: rapidez (oral) y precisión (escrita).

### Interpretación del lenguaje natural
Capacidad de la IA para entender, procesar y generar lenguaje humano.

### *Layout* o diseño de diapositiva
Distribución predeterminada de los elementos dentro de una diapositiva en un programa de presentaciones.

### Lenguaje natural (NLP)
Rama de la IA que permite a las máquinas entender, procesar y generar lenguaje humano.

### *Machine Learning* (ML)
Subcampo de la IA que permite a las máquinas aprender a partir de datos sin ser programadas explícitamente para cada tarea.

### *Malware*
*Software* malicioso diseñado para dañar, alterar o robar información de un dispositivo o sistema.

### Modelos generativos multimodales
Sistemas capaces de crear texto, imágenes u otros formatos a partir de instrucciones del usuario.

### Motores de recomendación
Sistemas que personalizan contenido según hábitos, preferencias o interacciones pasadas.

### NLP - Procesamiento del lenguaje natural
Rama de la IA que permite a los sistemas entender, interpretar y generar lenguaje humano.

### Opciones multimedia
Funciones de programas de presentaciones que permiten gestionar elementos como vídeos, audios o animaciones.

### Optimización de tareas
Uso de herramientas digitales o de IA para mejorar la eficiencia, reducir tiempos o automatizar procesos.

### Orientación (documento)
Configuración que determina si una página se visualiza en vertical u horizontal.

### PDF interactivo
Documento PDF que incluye campos editables para rellenar formularios digitalmente.

### Pestañas de herramientas
Áreas del procesador de texto que agrupan las funciones de edición, corrección y diseño.

### Presentación PPSX
Formato de archivo que abre directamente en modo presentación sin edición.

### *Prompt*
Instrucción o texto que proporciona el usuario para guiar la respuesta de la IA.

### *Prompting*
Práctica de escribir instrucciones claras para que un modelo de IA genere respuestas más precisas y relevantes.

### Rango (hojas de cálculo)
Conjunto de celdas seleccionadas en una hoja de cálculo para aplicar cálculos, formatos o análisis.

### Reconocimiento facial
Tecnología basada en ML que identifica o autentica personas mediante características de su rostro.

### Revisión ortográfica
Proceso automatizado que detecta y sugiere correcciones en texto.

### Riesgos de la IA
Incluyen alucinaciones, sesgos y datos obsoletos.

### Rol (en *prompts*)
Identidad profesional o estilística asignada a la IA para mejorar coherencia y tono de las respuestas.

### Seguridad digital
Prácticas y herramientas orientadas a proteger dispositivos, información personal y actividades en línea frente a amenazas.

### Sesgo algorítmico
Distorsión en los resultados de la IA causada por datos de entrenamiento con prejuicios.

### Sistema de recomendación
Modelo que analiza comportamientos o preferencias para sugerir contenido (películas, productos, etc.).

### Sistemas predictivos
Modelos que analizan datos históricos para prever comportamientos o tendencias futuras.

### Tamaño de papel
Medida física del documento, habitualmente A4 en entornos académicos y administrativos.

### Texto a voz (TTS)
Tecnología capaz de convertir texto escrito en audio con voces sintéticas cada vez más naturales.

### Traducción automática
Sistema de IA que convierte texto o voz de un idioma a otro sin intervención humana.

### Verificación externa
Uso de fuentes adicionales y contrastadas para confirmar la exactitud de los resultados obtenidos con IA.

### Voces sintéticas
Voces generadas mediante IA para lecturas, narraciones o asistentes, capaces de imitar entonación humana.

# Bibliografía

## Monografías

→ GARCÍA López, M.: *Ofimática básica: procesador de textos, hojas de cálculo y presentaciones.* Madrid: Editorial Alfaomega, 2022.

Este libro introduce el manejo esencial de Word, Excel y PowerPoint, con ejercicios guiados sobre creación de documentos, uso de fórmulas básicas y diseño de presentaciones profesionales.

→ MARTIN Alloza, M.: *Ofimática en la nube: Google Drive. ADGG055PO.* Antequera: IC Editorial, 2023.

Manual que explica el uso profesional de Google Drive y sus aplicaciones asociadas para crear, gestionar y compartir documentos en línea. Incluye operaciones básicas, trabajo colaborativo y organización segura de archivos en la nube.

→ MATA García, A. E.: *IFCT0087. Seguridad digital básica.* Madrid: Editorial RA-MA, 2024.

El libro explica de forma práctica contraseñas seguras, autenticación de doble factor, prevención del *phishing* y configuración de seguridad en servicios de almacenamiento en la nube.

→ PÉREZ Huguet, R.: *Introducción a la inteligencia artificial. IFCT117.* Antequera: IC Editorial, 2025.

Manual introductorio que explica los principios fundamentales de la IA y su aplicación práctica en entornos formativos, con ejemplos y ejercicios adaptados a contextos profesionales.

## Legislación

→ Reglamento General de Protección de Datos (RGPD)

Norma europea que regula el tratamiento de los datos personales, estableciendo los derechos de las personas y las obligaciones de transparencia, seguridad y responsabilidad para las organizaciones sobre los datos de carácter personal de los ciudadanos.

→ Directrices de la Agencia Española de Protección de Datos (AEPD)

Documentación que aclara cómo aplicar el RGPD y la LOPDGDD en España, ofreciendo criterios sobre el consentimiento, las *cookies,* las brechas de seguridad y las evaluaciones de impacto.

→ Directiva (UE) 2019/770 sobre Contratos de Suministro de Contenidos y Servicios Digitales

Directiva que establece las garantías y los derechos del consumidor en la contratación de los servicios digitales, asegurando la calidad, las actualizaciones, la conformidad y la protección contractual.

→ Esquema Nacional de Seguridad (ENS)

Marco de obligado cumplimiento para la Administraciones públicas que establece las medidas y los principios para garantizar la seguridad de los sistemas de información (confidencialidad, integridad, disponibilidad y trazabilidad).

→ Esquema Nacional de Interoperabilidad (ENI)

Criterios y normas técnicas que garantizan que los sistemas de las Administraciones públicas puedan intercambiar datos de forma eficaz, homogénea y segura.

→ Reglamento de Inteligencia Artificial (AI Act) - Unión Europea

Norma integral de la UE que regula el uso de los sistemas de IA según los niveles de riesgo, exigiendo transparencia, supervisión humana, gobernanza de datos y controles para las aplicaciones de alto riesgo.

→ Reglamento (UE) 2022/868 de Gobernanza de Datos (Data Governance Act)

Reglamento que establece mecanismos para compartir datos de forma segura y ética, impulsando la reutilización de los datos públicos, los intermediarios confiables y el altruismo de datos.

→ Estrategia Nacional de Inteligencia Artificial (ENIA) - Gobierno de España

Plan estratégico que guía el desarrollo y la adopción de la IA en España, promoviendo la investigación, la ética, la digitalización empresarial y el uso responsable del dato y la automatización.

→ Carta de Derechos Digitales - Gobierno de España

> Documento que define los principios y derechos para la ciudadanía en el entorno digital, como identidad digital, neutralidad, privacidad, protección de menores y derechos frente a decisiones automatizadas.

→ Ley Orgánica 3/2018 de Protección de Datos Personales y Garantía de los Derechos Digitales (LOPDGDD)

> Ley que adapta el RGPD al ordenamiento español, incorporando los derechos digitales (desconexión, educación digital, portabilidad en redes) y detallando las obligaciones específicas para las entidades públicas y privadas.

→ Ley 11/2022 General de Telecomunicaciones

> Marco jurídico de las redes y servicios de telecomunicaciones en España, que promueve la conectividad, la competencia, el despliegue de las infraestructuras y la protección del usuario en los servicios electrónicos.

→ Ley 39/2015 del Procedimiento Administrativo Común de las Administraciones Públicas

> Ley que regula la actuación de las Administraciones públicas, estableciendo la tramitación electrónica obligatoria, la transparencia, los plazos, la validez de los actos y los derechos de la ciudadanía.

→ Ley 34/2002, de Servicios de la Sociedad de la Información y de Comercio Electrónico (LSSI-CE)

> Ley que regula los servicios en internet, el comercio electrónico, el uso de *cookies,* las comunicaciones comerciales y las responsabilidades de los prestadores de servicios digitales.

## Publicaciones y páginas web *online* con recursos

→ IBM - Introducción a la inteligencia artificial, de: <https://www.ibm.com/topics/artificial-intelligence>.

> Página que presenta los fundamentos de la inteligencia artificial, sus áreas de aplicación, beneficios, limitaciones y tendencias actuales.

→ IBM - Procesamiento del lenguaje natural (NLP), de: <https://www.ibm.com/topics/natural-language-processing>.

> Portal que explica los componentes del NLP (morfología, sintaxis, semántica y pragmática), sus funciones y su aplicación en chatbots, análisis de texto y asistentes virtuales.

→ OpenAI - Página oficial de investigación, de: <https://openai.com/research>.

> Sitio que recoge los estudios, modelos, avances y análisis técnicos desarrollados en el ámbito de la inteligencia artificial generativa y multimodal.

→ Página oficial de soporte de *Microsoft Word,* de: <https://support.microsoft.com/es-es/word>.

> Página que reúne guías, tutoriales y recursos sobre el uso profesional de Word, desde estilos y diseño hasta revisión colaborativa y maquetación de documentos.

→ Página oficial de soporte de *Microsoft Excel,* de: <https://support.microsoft.com/es-es/excel>.

> Portal que ofrece explicaciones detalladas sobre funciones, fórmulas, validación de datos, tablas dinámicas, gráficos y herramientas de análisis.

→ Página oficial de soporte de *Microsoft PowerPoint,* de: https://support.microsoft.com/es-es/powerpoint

> Recurso donde se explica cómo crear presentaciones eficaces, diseñar diapositivas, usar plantillas, insertar multimedia y aplicar transiciones y animaciones.

→ Página de ayuda de *Google Docs,* de: <https://support.google.com/docs>.

> Sitio que recopila recursos para elaborar documentos en línea, trabajar de forma colaborativa, insertar tablas e imágenes y gestionar versiones.

→ Página de ayuda de *Google Sheets,* de: <https://support.google.com/sheets>.

> Guía oficial que detalla el funcionamiento de hojas de cálculo colaborativas, funciones básicas y avanzadas, gráficos y herramientas de análisis de datos.

→ Página de *Adobe Acrobat* - Recursos sobre creación y gestión de PDF, de: <https://www.adobe.com/es/acrobat/resources.html>.

> Página que explica procedimientos de conversión de documentos, preservación de formatos, ajustes de impresión y herramientas para mejorar la calidad del PDF.

→ Portal de *Google AI* - Formación en inteligencia artificial, de: <https://ai.google/education>.

> Sitio que reúne cursos y contenidos formativos sobre IA, aprendizaje automático, modelos generativos, conceptos básicos y ejemplos interactivos.